엄마에게는
다정한 말이
필요하다

일러두기

- 이 책에 수록한 필사 문구는 저작권자의 사용 허락을 받았습니다.
- 필사 문구는 원문 그대로 수록하였고, 그 외는 국립국어원 맞춤법 및 띄어쓰기 원칙에 따랐습니다.

세상 모든 엄마를 위한
하루 10분 필사 시간

박애희 지음

엄마에게는
(다정한 말이)
필요하다

웅진 지식하우스

(프롤로그)

흔들리는 시간에
다정한 글이 있다면

　엄마가 된다는 건 낯선 세계 하나를 온몸과 마음으로 껴안는 일. 미지의 시간에 대한 두려움과 어떻게 해야 할지 모르는 혼란 속에서 엄마들은 언제나 먼저 엄마가 된 선배들의 이야기를 기다립니다. 나보다 앞서 걷는 이들이 곁에 있다는 걸 확인하는 순간, 위안을 얻고 다시 나아갈 힘을 얻으니까요. 아무것도 모른 채 발을 내딛는 것과 내 앞의 몇 발짝을 확인하고 걷는 것은 분명 차이가 있습니다.
　이옥선 작가가 일흔여섯의 나이에 오래전 초보 엄마였던 때를 돌아보며 쓴 한 문장이 마음에 남은 건 그런 이유였습니다. "이 시기에 누가 조금만 지나면 아이가 곧 자라고 곧 기저귀를 뗄 때도 오고 하니 이 육아 기간을 즐기라고 나를 설득하고 따뜻한 말을 해주었다면 좋았을 텐데…." 그 문장을 읽는 순간, "무엇이라고 이름 붙일 수도 없는 감정에 휩싸"이면서도 "여전히 아이들을 사랑하고 조금이라도 잘못되지 않을까 싶은 불안한 마음으로" 살고 있을 저와 다르지 않은 엄마들을 생각했습니다. 그들이 어딘가에서 아이를 안은 채 꼭 이런 말을 하고 있을 것만 같았거든요.

엄마가 된다는 게 이렇다는 걸 왜 아무도 얘기해주지 않은 걸까. 부모가 되어 아이와 함께 살아가는 일에 대하여, 그것이 사는 내내 우리에게 끼칠 영향에 대하여, 밝은 면부터 어두운 면까지 따스하고 세세하게 이야기해주는 사람이 있다면 얼마나 좋을까.

부모로서 겪는 불안에 대해 이해하고 싶어서, 육아의 날들 앞에 놓일 수많은 변수와 상황에 대처하기 위해서 엄마들이 부지런히 책을 읽거나 수업을 듣고 공부를 한다는 것을 알고 있습니다. 하지만 책에 쓰인 보편적인 상황과 사실만으로 다 설명하거나 해결할 수 없는 일과 감정이 육아의 시간 내내 찾아옵니다. 저도 다르지 않았습니다. 아이라는 존재가 세상 무엇보다 귀하고 감사했지만 때로는 "무언가 나를 지나갔는데 그게 뭔지 모르겠"**는 감정에 시달렸고, 세상과 단절되어 외딴 방에 갇힌 것 같은 고립감에 자주 마음이 가라앉기도 했어요.

그럴 때면 육아에 지쳐 무겁게 감기는 눈을 비비면서도 이야기

---

* 이옥선·김하나, 『빅토리 노트』, 콜라주, 2022
** 김애란, 『비행운』, 문학과지성사, 2012

속으로 부지런히 들어갔습니다. 세상이 담긴 책과 영화와 드라마를 보며 내가 세상과 여전히 연결되어 있음을 확인하고 싶었던 것도 같습니다. 그 이야기들 속에서 부모의 삶이 보이거나 아이의 마음을 대변해주는 문장을 발견하면 어찌나 반갑고 힘이 되던지, 그 느낌을 잊고 싶지 않아 부지런히 메모를 해두었다가 마음이 힘든 날 꺼내 보며 필사를 했습니다. 필사는 오래전 글을 처음 쓸 때 좋은 문장을 익히고 싶은 마음으로 시작해 지금까지 이어진 저의 오랜 습관이기도 한데요. 아이가 태어나면서부터 자연스럽게 부모 됨과 아이에 관한 글들을 더 많이 찾고 열심히 모으게 되었습니다. 먼저 길을 간 사람들의 목소리가 그만큼 간절했던 게 아닌가 싶어요.

그런 저에게 다정한 글로 말을 건네준 작가들 덕분이었을까요. 필사하는 글이 늘어나면 늘어날수록 제게 주어진 엄마라는 시간이 조금씩 선명하게 보이기 시작했습니다. 어떤 드라마의 대사 한 줄을 받아쓰며 기다림으로 채워질 엄마의 생을 예감하고, 아이와 함께 산다는 건 "미래와 살며 미래와 대화를 나누고"* 있는 것이 아니냐는 어느 시인의 이야기에 밑줄을 치다 마음이 벅차 오르고, 고전을 읽으며 진정으로 사랑한다는 것은 나 자신과 함께 더 많은 세계를 껴안는 일임을 깨닫던 순간들이 그랬습니다. 어쩌면 저는 그렇게 문장 속에서 계속 찾고 있었던 것도 같습니다. 엄마로 살아가게 될 날들

---

* 심보선, 『그쪽의 풍경은 환한가』, 문학동네, 2019

과 엄마가 된다는 것의 의미를.

텍스트힙(text hip) 열풍과 함께 독서와 글쓰기는 물론 필사를 시작하는 엄마들이 늘어나는 걸 지켜보며 저와 비슷한 마음을 가진 분들이 많다는 것을 확인할 수 있었습니다. 인간이란 혼란과 걱정과 불안의 회오리 속에서 휘청일 때마다 살기 위해 제일 먼저 질문을 던지는 존재입니다. 내게 이 시간이 찾아온 의미는 무엇인가. 무엇을 붙잡고 어떻게 살아가야 하는가. 그 질문에 답을 찾고 싶어서, 흔들리는 자신을 다잡고 싶어서 우리는 책을 읽고 기록을 하고 필사를 하는 것이죠. 필사하는 엄마들이 느는 건 자신의 삶을 지지하고 성찰하고 충만하게 해줄 이야기들을 누구보다 간절하고 치열하게 찾고 있다는 뜻이기도 합니다.

어떤 책은 작가 자신이 진심으로 듣고 싶고, 보고 싶은 것들을 기다리는 마음으로부터 시작됩니다. 그것을 나 아닌 누군가도 기다릴 거라는 마음을 확인하는 순간, 작가는 용기를 내어 새로운 작업에 뛰어듭니다. 이 책 『엄마에게는 다정한 말이 필요하다』도 그렇게 시작됐습니다. 세상 모든 엄마가 어떤 마음으로 살아가고 있는지에 대한 진솔한 이야기가, 엄마라는 사람 자체를 인정해주고 격려해주는 동지이자 선배의 이야기가, 엄마의 서사가 깊고 넓게 담긴 이야기가, 엄마의 삶을 모성이나 희생으로 함부로 정의하지 않는 이야기가, 아이와 자신의 세계를 단단하게 지키며 함께 성장하게 해주는 이야기가 엄마인 우리에게는 더 많이 필요하다고 믿었습니다. 뭐라 표현하기 어려웠던 모호한 감정이 작가들의 문장으로 정확하게 나타나는 순간, 오래 기다렸던 말들을 선물처럼 문장에서 발견하는 순간, 지금 이 시간의 의미를 사려 깊은 문장에서 찾아내는 순간, 우리는 불안과 걱정 대신 안정과 평온을 얻고 아이와 함께하는 부모 됨의 모든 시간을 더 힘껏 사랑할 수 있을 테니까요.

이 책은 엄마라는 삶의 중심을 잡아줄 등대와 같은 문장들을 인문학부터 철학, 자기계발, 소설, 에세이, 드라마, 인터뷰까지 다양한 장르에서 찾아 구성한 필사책입니다. 특별히 '필사책'을 만든 이유는 사람마다 주어진 상황이 다르고 상황에 따라 육아의 경험도 다를 수 있기에 한 사람이 아닌 다양한 목소리와 시선으로 양육자의 구체적인 일상을 세세하고 입체적으로 전하고 싶었습니다. 저마다 얼마나 치열한 물음을 품고 엄마의 길을 걸어가는지 알기에 삶의 구석구석에서 찾아낸 좋은 이야기로 믿을 수 있는 이정표를 만들고 싶었습니다. 인생의 어떤 장면들은 오래 머무를 가치가 있는데, 작가들의 섬세한 사유가 담긴 문장을 읽고 쓰며 그 순간을 깊고 고요하게 누릴 수 있기를 바랐습니다.

그 모든 마음을 모아 엄마(양육자)를 위한 문장 101개를 책에 담는 작업을 마치며 저는 깨닫고 있습니다. 이것은 결국 우리가 살아가는 이야기라는 것을. 삶의 변화를 받아들이고 그 안에서 성장하며 계속 사랑하는 이야기라는 것을. 당신이 이 이야기에 담긴 다정하고 지혜로운 문장들을 마음에 새기며 필사하는 동안, 제가 그랬던 것처럼 엄마로 살아가는 날들의 의미를 찾을 수 있다면 참 기쁘겠습니다.

　엄마의 삶을 위로하고 응원하는 이야기가 필사책이 되어 세상에 나올 수 있었던 건 그 마음을 헤아리고 문장 인용을 너그러이 허락해주신 출판사와 작가님들 덕분이라는 걸 잘 알고 있습니다. 부디 저의 마음 깊은 존경과 감사와 사랑이 계신 곳까지 전해지기를 바랍니다.

　우리가 쓰는 글이 우리가 어떤 사람인지를 말해주는 것처럼, 때로는 우리가 선택한 문장들도 우리가 누구인지를 말해준다고 생각합니다. 그 안에는 우리가 알고 있는지조차 미처 깨닫지 못했던 생각과 의지와 바람이 담겨 있기도 하니까요. 끝으로 바라건대, 당신이 『엄마에게는 다정한 말이 필요하다』를 펼치고 필사를 끝낸 후에도 세상의 많은 이야기 속에서 자신만의 밑줄을 그으며 마음을 들여다보는 일을 자주, 계속해주시기를 소망합니다.

　언젠가 우리가 그 문장들을 함께 나눌 날을 꿈꾸며, 엄마인 당신의 오늘을 마음 다해 응원합니다.

이 책의 구성과 사용법

이 책은 자신의 삶을 단단하게 붙들어줄 무언가를 간절하게 찾아 헤매 온 엄마들에게 등대가 되어줄 문장들을 건넵니다. 인문학부터 철학, 자기계발, 소설, 에세이, 드라마, 인터뷰까지…. 다양한 장르에서 찾은 감동적인 문장들을 매일 한 장씩 읽고 써보세요. 꼭 순서대로 하지 않아도 좋습니다. 상황과 필요에 맞는 장을 펼쳐 마음에 들어오는 문장부터 필사해보세요.

◆ **아이의 마음을 이해하고 싶을 때** … (1장)
아이의 다채로운 마음을 알고 싶을 때 1장을 펼쳐보세요. 지금 아이의 마음을 상상하는 일을 게을리하지 않는다면, 아이를 이해하고 제대로 사랑하는 일을 누구보다 잘 해낼 수 있을 거예요. 1장에는 그런 통찰을 담은 문장들을 실었습니다.

◆ **아이를 제대로 사랑하는 방법을 알고 싶을 때** … (2장)
나도 어떻게 살아야 할지 정답을 모르는데, 한 존재를 끝까지 책임지는 일은 얼마나 아득하고 무거운 것인지요. 그런 부담과 걱정에 시달리는 때면 2장의 문장들을 필사해보세요. '사랑하는 법'이 담긴 문장들을 모았습니다.

◆ **엄마 됨에 대한 솔직한 이야기를 나누고 싶을 때** … (3장)
배시시 웃는 아이 표정을 보면 세상을 다 가진 것 같다가도, 한시도 떨어지지 않는 아이를 두고 도망치는 상상을 하기도 합니다. 뭐라 설명하기 어려운 양가적인 감정을 나누고 싶을 때, 엄마로 사는 일이 혼란스럽거나 외로울 때, 3장의 문장들이 마음을 다독여줄 겁니다.

◆ **나 자신을 잃고 싶지 않을 때** … (4장)
세상은 쉽게 엄마는 위대하다고, 엄마의 삶만큼 소중한 게 없다고 하는데, 정작 엄마로 살아가는 우리는 때때로 자신이 사라지는 것처럼 느낍니다. 4장에서는 지금도 어딘가에서 고군분투하는 엄마들에게 자신을 긍정하고 다독여줄 문장들을 선물합니다.

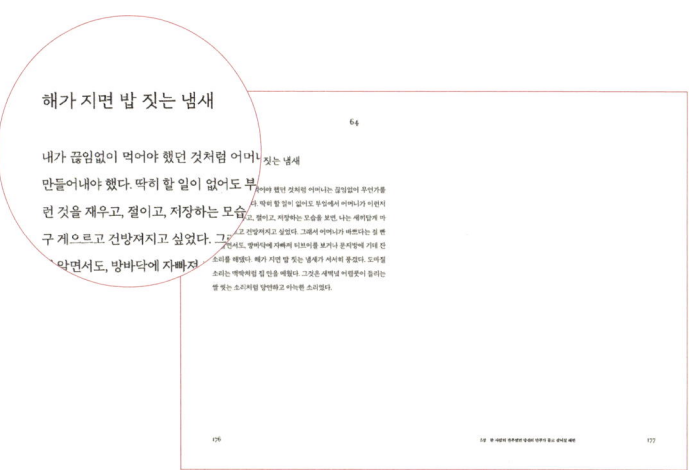

✦ '엄마도 그때 이런 마음이었구나' 싶어 뭉클해질 때 … (5장)
어른이 된 후에야 보이는 마음도 있습니다. 내 어린 날의 부모와 지금의 내가 겹쳐져 뭉클해지는 날, 몰랐던 부모의 마음이 뒤늦게 헤아려져 가슴이 먹먹해지는 날, 5장의 문장들을 만나보세요. 찬찬히 들여다보며 필사하다 보면, 우리가 부모로부터 받은 사랑의 온기가 전해질 겁니다.

✦ 좋은 어른이 되는 방법을 배우고 싶을 때 … (6장)
아이에게 부끄럽지 않은 어른이 되고 싶을 때 6장의 문장들을 필사해보세요. 부모가 아이를 어른으로 키우지만, 아이도 부모를 어른으로 키웁니다. 우리는 처음부터 부모가 되는 게 아니라 그렇게 부모가 되어가는 중입니다. 좋은 부모란 무엇인지, 어떤 어른이 되어야 하는지, 책에서 답을 찾아봅니다.

✦ 아이 인생에 힘이 되는 이야기를 해주고 싶을 때 … (7장)
7장은 아이들에게 전하고 싶은 지혜로운 이야기들을 담았습니다. 내가 살아오면서 듣고 싶었던 말들이 언젠가 힘겨운 순간을 겪을 아이들에게 버팀목이 되어주길 바랍니다.

차례

프롤로그 흔들리는 시간에 다정한 글이 있다면 4
이 책의 구성과 사용법 10

1장 이상하고 아름다운 (아이)라는 우주 20
너를 정확하게 사랑하기 위하여

01 아이는 사랑을 통해서 배운다
02 엄마는 그러면 안 되지
03 어린이가 보는 어른은
04 아이를 조건 없이 사랑해줄 때
05 그런 우리들도 있었다고
06 아이들과 스파티필름의 공통점
07 한 번만 더 안아주세요
08 자기 마음을 모를 때 아이들이 하는 일
09 사람에 대한 믿음이 있어야 가능하다
10 아이에게 부담감을 주는 칭찬
11 감탄하는 태도를 언제 잊게 되었을까
12 아이들도 슬퍼할 수 있어야 한다
13 진정한 대화는 평등한 관계에서만 이루어진다
14 공부가 힘든 진짜 이유
15 사랑받지 못하는 아이에게는 놀이가 없다
16 오늘은 얼마나 배울까

2장   어떻게 (사랑)해야 하느냐고 묻는다면   58
흔들리는 부모를 단단하게 지켜주는 문장들

17 아이가 기댈 언덕이 되어준 사람이
18 애쓰는 것보다 그 한 번을 안 하는 것이 낫다
19 누군가가 날마다 상냥하다는 건
20 사랑하고 다정하게 대해주면
21 받아들여질 수 있다는 믿음
22 육아의 왕도
23 자기만의 세계를 창조하는 능력
24 공감이란
25 나의 사랑, 나의 기쁨
26 부엌 선반에 작은 돌멩이를 올려둔다면
27 이해가 느린 건 옳고 그름의 문제가 아니다
28 아이는 그네에서 뛰어내릴 필요가 있다
29 못하는 걸 잘하게 하려고 애쓰는 것보다
30 사춘기 아이들은 부모에게 맞서고 이길 수 있어야 한다
31 엄마에게 허술한 면이 없었다면
32 부모가 가르쳐줘야 할 것은 불안이 아니다
33 독서 지도할 때 명심해야 할 7가지
34 세상에 나가면 '네가 첫 번째'라고 해주는 사람은 없다

3장 찬란한 (행복)과 깊은 (고독) 사이에서 100
우리가 꼭 듣고 싶었던 엄마 됨의 기쁨과 슬픔

35 나에게 아기 냄새는
36 세상을 밝히는 존재들
37 혼자 있는 법을 배우기 위해 수많은 시간을 함께해야 합니다
38 애들이 주는 행복값
39 오직 엄마, 오직 내 아이에게만
40 너에게 하는 말은 결국 나에게 하는 말
41 아이를 내 의도대로 빚어내려는 부담에서 벗어날 때
42 가치 있는 모든 것은 어렵다고
43 아이를 키운다는 건
44 엄마가 굉장히 용감해져야 한다는 뜻이야
45 아아, 이런 것이 어른이 되는 과정인 걸까
46 실은 아이가 나를 품고 있다는 걸
47 언제나 나를 속수무책으로 만드는
48 빗방울까지도 두려워하며 길을 걷는다

4장 당신의 (세계)는 여전히 아름답다 134
더 크고 깊어질 우리의 날들을 위하여

49 부모가 된다는 것은 과정이다
50 고통이기에 앞서 지독한 고독
51 다시 나 자신이 되는 법을 배워야 해

52 새로운 균형을 잡는 시간
53 엄마인 나의 하루는 당연하지 않다
54 누군가를 항상 사랑할 수 있는 관계란 없다
55 실수하고 실패하는 모습도 소중하다
56 불완전한 내가 진짜 나다
57 엄마에게 허락된 목소리
58 아이들은 부모의 꿈을 칠할 캔버스가 아니다
59 그들은 이 사랑의 깊이를 상상할 수조차 없다
60 엄마가 사라지는 세계
61 엄마가 정체성 그 자체가 되지 않도록
62 나만의 세계를 가꾼다는 것은
63 몸은 돌아가지 않고 나아간다

5장   한 사람의 (전부)였던 당신에게 안부를 물으며   170
부모가 되어 부모를 생각하는 시간

64 해가 지면 밥 짓는 냄새
65 이제는 엄마를 보면 전우애를 느낀다
66 엄마는 자주 딸 같고 가끔 엄마 같다
67 엄마는 고운 흙만 주고 싶었던 게 아닐까
68 엄마, 아버지도 사는 게 무섭던 때가 있었단다
69 사실은 거의 매일 화가 나
70 어머니도 실패하는 존재다

71 당신에게 이름을 찾아주고 싶었다
72 나는 저 사람이 얼마나 밝은 사람인지 안다
73 그런 우리여서 애잔하고 아름답지 않은가
74 엄마가 세상을 떠난 뒤

6장 언제 (어른)이 되느냐고 묻고 싶어지는 날에 198
아이와 함께하며 삶을 배우는 시간들

75 삶이란 곧 성장이다
76 어른 역시 많은 가능성의 존재들이 아닌가
77 어른이 된다는 것은
78 어른의 책무
79 '금쪽이'는 원인이 아니라 결과다
80 어린이는 비를 맞으면 안 되는 사람
81 인생에는 우선순위가 필요하다
82 내가 나에게 줄 수 있는 가장 기본적인 사랑
83 싫은 마음을 완벽하게 숨기기 위해
84 선함을 습득하는 일
85 다정한 마음에 관하여
86 나이가 든다는 것
87 지금은 받을 수 없는 것일지라도
88 나이 드는 일에도 아름다움과 기쁨이 있다

7장 　내일은 정말 좋은 일이
　　　(우리)를 기다려주기를　232
　　　아이들에게 들려주고 싶은 삶에 관한 문장들

89 네가 하고 싶은 일, 악착같이 찾아봐라
90 나 자신이 진심으로 좋아하는 일에 대하여
91 다음 문제로 넘어가야 할 시간
92 가장 빛나는 순간은
93 씨앗은 어떻게 기다려야 하는지 안다
94 잘 살기 위해서는 의미가 필요하다
95 체념하는 비관론자보다 인내하는 낙관론자가 되기를
96 그 사람이 아니라 내 마음을 바꾸는 일
97 누군가를 사랑한다는 것은
98 최선을 다하라는 흔한 말 대신
99 인생이란 온갖 역설 속에서도 길을 찾아 나서는 것
100 살아보니 아쉬운 일
101 삶은 말할 수 없이 아름다운 축복

이 책에 수록한 작품들 262
나만의 문장 수집 266

1장

이상하고 아름다운 (아이) 라는 우주

너를 정확하게 사랑하기 위하여

아이가 제게 찾아온 이후로 마음에 깊이 박힌 문장이 하나 있습니다.

　　"정확하게 사랑받지 못하는 사람은 고통을 느낀다."

　　신형철 평론가가 장승리 시인의 시 「말」의 한 구절 "정확하게 사랑받고 싶었어"에서 감지해낸 고통 앞에서 저는 제일 먼저 '아이'를 생각했습니다. 세상에 나오자마자 내 몸과 마음을 사로잡고, 내 시간의 방향을 한순간에 바꿔버린 존재. 아이를 보면 생의 경이를 느끼다가도 한 번씩 어떤 걱정과 두려움으로 잠을 이루지 못하곤 했는데, 그 이유를 이 문장을 만나고 나서 단박에 알았습니다. 그러니까 저는 겁이 났던 거예요. 아이에 대한 나의 무지가 혹여 아이를 고통스럽게 할까 봐. 아이가 원하지 않고 필요로 하지 않는 것들을 주면서 그것을 사랑이라고 말하는 폭력을 저지를까 봐. 내가 끝내 알아

---

* 　신형철, 『정확한 사랑의 실험』, 마음산책, 2014

내지 못한 것들로 인해 아이가 진심으로 바라는 사랑을 주지 못할까 봐. "어떤 사람도 상대방을 완전히 정확하게 사랑할 수는 없을 것"이라고 신형철 평론가는 말했지만, 아이에게만큼은 '정확한 사랑' 비슷한 것이라도 줄 수 있기를 바라는 것. 그것이 부모의 마음이기 때문이겠죠. 그 시도를 포기하지 않는 것이 진정한 사랑이라고 저는 지금도 믿고 있습니다.

아이를 정확하게 이해하려는 노력이 사랑의 바탕이 된다는 것을 알아도 현실은 녹록지 않습니다. 아이를 돌보고 함께하다 보면 우리는 수시로 이런 말을 하게 되니까요. "너 대체 왜 이래." "나한테 정말 왜 그래." 아이는 우리와 같은 인간이면서도 완전히 다른 존재여서 그들의 언어를 이해하고 그들과 소통하는 일은 쉽지 않습니다. 성장하고 발달하는 과정에 있는 아이의 감정은 너무나 다양하고 풍부한 데다 변화무쌍합니다. 그 점이 감탄을 불러오지만, 그 때문에 아이의 마음을 헤아리는 일이 암호를 푸는 것처럼 어려울 때도 많습니다. 왜 우는 건지, 어디가 안 좋은 건지, 무슨 문제가 있는 건지, 병원에 가봐야 하는 건지, 어떻게 해야 하는지 답을 알 수 없는 문제 앞에서 발을 동동거리며 시중의 많은 육아서를 찾아보고 육아 정보를 검색해보지만 다른 아이에게는 맞았을지 모를 해법들이 내 아이와는 맞지 않을 때도 허다합니다. 그건 당연한 일일 거예요. 아이는 공장에서 나온 기성품이 아니라 세상에 하나뿐인 개성을 가진 고유한 존재이고, 저마다 다른 공간과 다른 사람들 속에서 자라며 다른 곳을 향해 나아가고 있으니까요. 다행스럽게도 아이들을 어떻게 사랑해야 할지 양육자가 방황하고 헤매는 사이에도 아이들은 미지의 힘으로 스스로 깨치고 배우면서 자라길 멈추지 않습니다.

아이의 성장을 곁에서 지켜보고 함께하며 부모로서 몇 번의 시행착오를 겪은 뒤 깨달은 사실이 있습니다. 변화하는 삶 속에서 부모로서 중심을 잃지 않으려면 자신에게 수시로 이렇게 물어야 한다는 것. 아이의 진실한 모습은 무엇이고 아이가 진정으로 필요로 하는 것은 무엇인가? 그것을 부모나 어른의 위치가 아닌 아이의 입장에서 사유하고 있는가? 아이를 위해 내가 경험하지 못한 삶의 형태를 애써 상상하려고 노력하고 있는가? 이를 끊임없이 묻는 것이 사랑임을 이제 조금은 알 것 같습니다.

우리는 누구나 한때 아이였고 어린 시절을 지나 어른이 되었기에, 어릴 때 무엇을 겪고 어떤 감정과 생각을 품었는지 알고 있습니다. 오래전 묻어두었던 기억을 애써 떠올리며 지금 아이의 마음을 상상하는 일을 게을리하지 않는다면, 아이를 이해하고 제대로 사랑하는 일을 누구보다 잘 해낼 수 있을 거예요. 그때 우리는 우리가 바랐던 부모의 모습에 조금 더 가까워지지 않을까 생각합니다.

어른들이 미처 알지 못했던 아이의 다채로운 마음이 담긴 1장의 문장들이 아이들을 이해할 영감이 되어주리라 믿습니다. 하루 한 장씩 아이들에 관한 이야기를 읽고 쓰며 어릴 적 경험을 떠올릴 수 있다면 그들을 향한 사랑이 더 넓고 깊어질 거라 확신해요. 날마다 그렇게 우리 아이들을 '정확하게' 사랑하는 그 어려운 일에 한발 한발 가까워질 수 있다면 바랄 게 없을 것입니다.

01

아이는 사랑을 통해서 배운다

어린아이는 손가락과 발가락을 동원해 기술을 익히면서 배운다. 주변 사람들의 습관과 태도를 흡수하고, 자기만의 세상을 확장시켰다 축소시켰다 하면서 배운다. 시행착오를 통해서, 기쁨보다는 고통을 통해서, 힌트나 충고보다는 경험을 통해서, 명령보다는 충고를 통해서 배운다. 그리고 애정을 통해서, 사랑을 통해서, 인내를 통해서, 이해를 통해서, 관계를 통해서, 실행을 통해서, 존재를 통해서 배운다.

_레오 버스카글리아, 『살며 사랑하며 배우며』
(프레더릭 J. 모핏의 「어린아이는 어떻게 배우는가」 재인용), 홍익피앤씨, 2023, 238쪽

02

엄마는 그러면 안 되지

"엄마는 그러면 안 되지, 내가 왜 그랬는지 물어봐야지. 선생님도 혼내서 얼마나 속상했는데, 엄마는 나를 위로해줘야지. 그 애가 먼저 나에게 시비를 걸었고, 내가 얼마나 참다가 때렸는데. 엄마도 나보고 잘못했다고 하면 안 되지."

_정혜신, 『당신이 옳다』, 해냄, 2018, 160쪽

(   )

아이가 학교에서 친구와 다툰 뒤 선생님께 혼이 나고 집에 돌아왔습니다. 선생님께 이 상황을 들은 엄마는 아이를 불러 다음부터는 그러지 말라고 이야기를 하죠. 이 구절은 아이가 펑펑 울면서 엄마에게 한 말 중 일부입니다. 부모는 혹여 아이가 모를까 봐 잘못부터 짚어주려고 하지만, 오히려 아이는 공감을 먼저 받으면 스스로 마음을 정화할 수 있다고 해요. 억울한 마음이 풀리면 "잘못된 행동에 대해 누가 말하지 않아도 빠르게 인정"하고 뉘우치는 거죠. 이걸 진즉에 알았더라면 비슷한 상황에서 아이를 조금은 덜 울릴 수 있지 않았을까, 미안해지는 엄마입니다.

03

어린이가 보는 어른은

어른들은 숫자를 좋아한다.
어른들은 새로 사귄 친구에 대해 이야기할 때 본질에 대해 질문하는 법이 결코 없다. 어른들은 절대로 이런 질문은 하지 않는다.
"그 아이의 목소리는 어떠니? 무슨 놀이를 좋아하지? 그 아이는 나비를 수집하니?"
어른들은 대신 이렇게 묻는다.
"그 아이는 몇 살이야? 형제가 몇 명이니? 몸무게는? 아버지의 수입은 얼마나 되지?"
어른들은 이런 질문으로 그 아이를 알 수 있다고 믿는다.

_앙투안 드 생텍쥐페리, 『어린 왕자』 인디고, 2015, 39쪽

04

아이를 조건 없이 사랑해줄 때

조건 없이 사랑해주는 엄마를 가진다는 것.
그것은 세상 무엇과도 싸울 필요가 없다는 뜻이다.

_박연준, 『인생은 이상하게 흐른다』, 달, 2019, 160쪽

05

그런 우리들도 있었다고

드라마 등에서 챙김, 특히 '엄마의 챙김'을 받지 못해 쓸쓸하게'만' 그려지는 아이들을 볼 때마다, 항변하고 싶었다. 전혀 쓸쓸하지 않았던 아이들 역시 많았다고. 우산 속 자리도 아늑했겠지만 우산 밖 빈자리가 우쭐했던 아이들도 분명 있었다고. 그 빈자리를 스스로 채워가며 커간 아이들이 갖게 되는, 산성비도 부식시키지 못할 단단한 마음 같은 게 있다고. 설령 그렇지 않았던들 그건 엄마들만 미안해할 일이 절대 아니라고. 당시에는 어려서 사회가 '엄마'에게 소급해서 씌우는 책임의 무게를 잘 몰랐다. 뒤에서 수군거리는 어른들이 있다는 건 알았지만, 그런 어른들이 미디어에 '나쁜 엄마들'을 만들어내고, 우리의 존재를 지워버렸다는 건 잘 몰랐다. 그래서 제대로 말하지 못했고 그래서 한 번쯤 꼭 말하고 싶었다. 우리의 존재에 대해서. 그 시절을 우리가 어떻게 통과했는지에 대해서. 그런 우리들도 있었다고. 분명 있었다고.

_김혼비, 『다정소감』, 안온북스, 2021, 142~143쪽

06

아이들과 스파티필룸의 공통점

하나, 사랑(물)을 주는 만큼 쑥쑥 자란다

둘, 햇빛을 좋아하나 그늘에서도 잘 자란다

셋, 한꺼번에 꽃 피우지 않는다

넷, 꽃의 크기가 다 다르다

다섯, 요리조리 위치를 바꿔주면 빛을 따라 잘 자란다

일곱, 양분이 부족한 흙에서도 제법 잘 자란다

여덟, 바람을 좋아한다

아홉, 싱그러움을 감추지 못한다

열, 보일 듯 안 보일 듯 영역을 넓혀간다

_김하준, 『여기서 마음껏 아프다 가』 수오서재, 2022, 22~23쪽

(   )

아이가 잘 자라고 있는 것인지 불안할 때, 내가 무언가 부족한 부모라는 생각이 들 때, 학교 보건실에서 하루 평균 50명이 넘는 아이들을 만나는 20년 차 보건 선생님이 전해주신 이야기를 꺼내 봅니다. 저희 집에도 20년 동안 키우고 있는 스파티필룸이 있는데요, 햇빛이 잘 드는 창가에서 거실 가운데로 옮겨도 분갈이를 못 해줘도 여전히 잘 자라고 있습니다. 스파티필룸이 연두색 새잎을 틔울 때마다 오늘도 열심히 자라고 있을 아이를 생각합니다. 아이가 자란 만큼 엄마의 마음도 자라길 바라면서요.

한 번만 더 안아주세요

방으로 자러 올라가면서 내가 갖는 유일한 위안은, 내가 자리에 누워 있을 때 엄마가 오셔서 내게 키스해주는 것이었다. 그러나 그 저녁 인사는 너무도 짧았고 엄마는 너무 빨리 내려가버렸기에, 엄마가 올라오는 소리를 듣는 순간, 그리고 이중문으로 된 복도에서 하늘색 모슬린으로 된 엄마의 정원용 드레스—그 옷에는 밀짚을 엮어 짠 작은 술이 달려 있었다—가 끌리는 가벼운 소리가 들리는 때가 내게는 실로 고통스러운 순간이었다. 그 소리는 이어서 닥칠 일, 즉 엄마가 내 곁을 떠나 곧 다시 내려갈 것이라는 사실을 예고하기 때문이었다. 나는 엄마의 이런 저녁 인사를 무척 좋아했기에 가능한 한 그 시간이 더 늦게 와서, 엄마가 아직 오지 않는 유예 시간이 더 연장되기를 바랐다. 이따금 엄마가 내게 저녁 키스를 하고 나서 나가려고 방문을 열려는 순간, 나는 엄마를 다시 불러 '한 번만 더 안아주세요'라고 말하고 싶었다.

_마르셀 프루스트, 『스완네 쪽으로』 문예출판사, 2011, 25쪽

08

자기 마음을 모를 때 아이들이 하는 일

아이는 스스로도 자기 마음을 모른다. 더 정확하게 말하면 알고 말고 할 마음이 없다. 그 마음을 만들어가는 과정이 바로 외부와 관계 맺음이다. 이 관계 맺음의 출발은 단연코 양육자, 주로 엄마다. 불안덩어리 아기는 엄마를 테스트한다. 엄마는 내 자신이기도 하고, 내 자신이 아니기도 한 가장 큰 불안의 대상인 동시에, 이 불안을 해소해줄 열쇠를 쥐고 있다. 이 불안한 동일시와 독립의 끊임없는 테스트 과정이 엄마와 아이가 맺는 관계의 질을 결정한다. 쉽게 말해, 아이들이 말도 안 되는 떼를 쓰고 도발을 할 때, 그것은 속된 말로 아이가 간 보기를 하는 경우일 수도 있다. (…) 엄마의 화를 돋우는 것 자체가 아이의 테스트다. 엄마가 얼마나 안정적인지, 얼마나 불안한지를 아이는 알아야만 한다.

_박혜윤 글·유희진 그림, 『부모는 관객이다』, 책소유, 2020, 79~81쪽

사람에 대한 믿음이 있어야 가능하다

모든 아이들이 신이 나서 질문하고 까분다. 이러한 '까불기'는 자신이 온전히 받아들여졌다는 믿음이 있어야 가능하다. (…) 당신이 나를 배제하지 않을 것이라는, 나를 무시하지 않을 것이라는 믿음, 이 믿음이 있어야 사람과 사람 사이에 말도 마음도 자유로이 노닌다. 이러한 믿음이 없으면 꿈도 못 꿀 장면이다.

_서현숙, 『소년을 읽다』, 사계절, 2021, 91쪽

아이에게 부담감을 주는 칭찬

아이에게 듬직하다, 착하다, 성격 좋다, 속 깊다, 양보 잘한다 이런 말은 뭔가 부담이 느껴지는 칭찬이다. 아이들은 칭찬을 들으면 그런 면을 더 강화하려고 애쓴다. 칭찬을 더 받기 위해서다.

문제는 이런 습관이 쌓이면 아이의 정체성에 영향을 미친다는 것이다. 어른이 시키면 싫어도 해야 한다는 생각에 익숙해지는 한편, 자신이 아무리 노력해도 어른을 넘어서지 못할 거라는 열패감도 따라온다.

_송주현, 『착한 아이 버리기』, 다다서재, 2022, 93쪽

감탄하는 태도를 언제 잊게 되었을까

아기 때는
혼자 일어선 것도
"와 잘했어!"라고 하지만
나이가 들게 되면
"엄마! 나 앞구르기 할 수 있어!"라고 말하면,
"그 정도는 할 수 있어야지~"라고 한다.

_전이수 글·그림, 『이수생각』, 헤르몬하우스, 2024, 12쪽

아이들도 슬퍼할 수 있어야 한다

아이들도 슬퍼할 수 있어야 한다. 진실을 듣지 못하면 아이들은 이야기를 지어내고 진실이 사라진 공간에서 허덕인다.

_줄리아 새뮤얼, 『모든 가족엔 이야기가 있다』, 사이드웨이, 2025, 301쪽

(   )

어른들은 가끔 아이 앞에서 "아무것도 아니야." "너는 아직 몰라도 돼." 같은 말로 슬픔을 감추곤 합니다. 아이가 밝고 좋은 것만 봤으면 하는 마음이겠지만, 그것이 아이의 잘못된 상상이나 불안을 키울 수도 있다고 해요. 언젠가 슬픔의 공간에 아이와 함께 있게 된다면 말해주고 싶습니다. 기쁨만 있는 삶은 존재하지 않는다고. 때로 삶에 슬픔이 찾아오지만, 우리가 함께할 수 있다면 슬픔을 잘 흘려보낼 수 있다고. 아이들이 슬픔을 통해 공감을 배울 수 있도록 말입니다.

13

진정한 대화는 평등한 관계에서만 이루어진다

어느 한쪽은 예의를 지키지 않아도 그럴 수 있는 일로 '자연스럽게' 여겨지는데 다른 한쪽이 그럴 경우 큰일이라도 난 것처럼 비난받는다면, 그 관계는 기울어진 저울처럼 불균형한 상태겠죠. 서로 이야기를 잘 듣고 제대로 말하려면, 또 메시지가 같은 크기로 전달되려면 예의를 갖추는 태도가 양쪽 모두에게 전제되어야 합니다. 상호 예의를 갖추는 일과 평등한 관계는 함께 나아갑니다. 평등하다고 느껴지지 않는 관계에서 자신의 의견을 말하기는 어려우니까요. 청소년을 동등하게 보지 않고 '미성숙한 존재', '가르쳐야 할 대상', '아랫사람'으로 대한다면 청소년이 안전하게 자기 의사를 표현할 수 있는 일상은 보장되지 않습니다.

_박지연·배경내·이묘랑·이은선·최유경, 『우리는 청소년-시민입니다』 휴머니스트, 2022, 40쪽

(   )

힘의 불균형 속에서는 배움도, 깨달음도, 대화도 이루어질 수 없습니다. 그것이 아이들에게만 안 좋은 영향을 끼치는 건 아니죠. 어른들 또한 아이들로부터 '미래'를 배울 기회를 잃는 것이니까요.

14

공부가 힘든 진짜 이유

제가 아이들을 만나서 들어보면 공부가 힘든 게 그런 이유래요. 노력한 만큼 안 나오는 거. 진짜 내가 공부를 안 해서 성적이 안 나오면 그냥 포기한대요. 아이들이 정직하거든요. 그런데 내가 죽어라 했는데 오히려 성적이 떨어질 때가 있잖아요. 그러면 애들이 너무 힘든 거예요. 모든 게 다 '해도 안 되는 거구나' 싶은 절망감 때문에. 계획했던 일이 생각처럼 안 되는 게, 밑그림에 물감 한 방울 떨어지는 일과 비슷한 거죠. 그런데 살다 보면 그런 일이 한두 번 있는 게 아니잖아요. 그걸 덧칠하고 또 잊어버리고, 그게 계속 반복되는 게 삶이라는 생각이 들어요.

_임나리, "이희영 '미래에 어떤 네가 기다릴지 몰라'", 채널예스(2024.5)
ch.yes24.com/Article/Details/55522

사랑받지 못하는 아이에게는 놀이가 없다

사랑받지 못하는 아이에게는 놀이가 없다.

'놀이'가 맞을까? 느긋함, 여유라는 말로 치환할 수 있을지도 모르겠다. 다만 놀이가 없다는 성향은 다른 이들로부터 '성실'이라는 일반적인 칭찬의 말로 표현되기 쉽다. 따라서 본인은 자신에게 무언가가 결여되어 있다는 것 자체를 알지 못하고 타인에게서 그것을 발견하더라도 자신에게는 필요 없는 것으로 판단해 버린다.

그러나 기계나 옷에도 필요한 그런 성향은 당연히 인간에게도 필요하다. 노력해서 익힐 수 있는 성향은 아니다.

(…)

내게 결여되어 있는 놀이의 부분이란 토오로의 입버릇이기도 했던 '아무렴 어때'였다.

_미나토 가나에, 『모성』 리드리드출판, 2023, 42쪽

(   )

삶을 대하는 느긋함이나 의연함 같은 것들이 어디에서부터 비롯되는지, 세상이 놀이터가 될 것인지 전쟁터가 될 것인지가 무엇에 달려 있는지를 이렇게 깨닫습니다. 그렇다면 부모로서 아이에게 꼭 물려주어야 하는 것은 금수저, 은수저가 아닌 '사랑의 수저'가 아닐까요.

16

오늘은 얼마나 배울까

어린이가 이해를 못 하거나 똑같은 게 계속 틀리면 답답하시잖아요.
그럴 때는 그 아이가 이해하는 것을 같이 이해하면서 같이 공부를 해요.
어른들도 틀릴 수 있잖아요.
틀렸으면 '아, 나도 틀리는구나.
나도 이게 틀리네'라고 생각을 하셔야 해요.
열아홉 문제 맞고 한 문제 틀렸어요.
그러면 그 열아홉 문제는 넘기고 한 문제에만 집착을 해요.
그러다 보면 또 폭발하고 그러다 보면 또 울고.
제가 그렇게 안 하는 방법을 알려줄게요.
열아홉 문제 틀리고 한 문제 맞았는데, 그 한 문제를 칭찬해주면
'아 이걸 해냈구나' 이런 걸 할 수 있는 것에 기뻐하는 거잖아요.
틀린 거에 집착하지 마세요.
오늘은 몇 문제 틀릴까 이 생각을 하게 돼요.
'오늘은 얼마나 배울까', '또 오늘은 얼마나 많은 양을 이해할 수 있을까.'
이런 느낌으로 해야 합니다.

_열한 살 지호의 말, 〈펀자이씨〉 인스타그램에서

(   )

릴스를 보면서 생각했어요. 아이들이 이미 알고 있는 답을 어른들은 자꾸 틀렸다고 하는 게 아닐까. 어른이 되면서 어릴 때 알고 있던 인생의 좋은 답들을 잊어버린 건 아닐까. 이것도 지호 군에게 물어볼까 봐요.

2장

어떻게 (사랑) 해야 하느냐고 묻는다면

흔들리는 부모를 단단하게 지켜주는 문장들

시대와 상황을 막론하고 불황을 타지 않는 것이 하나 있다면, 바로 '육아' 시장이 아닐까요. 교육열이 뜨거운 우리나라에서는 더욱 그렇죠. 해마다 독서 인구는 줄고 있지만 베스트셀러 Top 100에는 언제나 육아서가 몇 권쯤 들어가 있고, 육아 프로그램은 고정 시청률을 확보하며, 유튜브에서도 육아 관련 콘텐츠가 꾸준히 늘고 있습니다. 공급이 많다는 건 수요가 많다는 것. 그건 다시 말해 엄마를 포함한 양육자들의 '아이를 잘 키우고 싶은 마음'이 언제나 현재진행형이라는 뜻이고, 그만큼 육아가 누구에게나 어렵다는 뜻이기도 할 겁니다. 부모라면 그래서 누구나 탄식과 함께 무릎을 치며 공감하는 말이 하나 있습니다.

　　"아이는 인생이 우리 뜻대로 되지 않는다는 걸 알게 하려고 신이 보낸 존재다."

　　그렇더라도 우리는 이 어려운 일을 어떻게든 잘 해내고 싶습니다. 육아의 순간순간마다 찾아오는 물음표를 지혜롭게 풀어가길 바랍니다. 언제까지 기다려주며 아이를 믿어야 하는지, 기다림 속에서 부모가 개입해야 하는 중요한 순간은 언제인지, 아이를 다치게 하지 않는 바람직한 훈육이란 무엇인지…. 어떻게 하면 부모 자신의 욕망을 투사하려는 마음을 물리치고 아이의 개성을 인정하고 지켜줄 수 있을지, 먼 훗날 돌아봐도 후회하지 않기 위해 지금 이 순간 놓치지 않아야 하는 것은 무엇인지…. 그 모든 답은 대체 어디서 어떻게 찾아야 할까요? 자신도 어떻게 살아야 할지 정답을 모르는데, 한 존재를 끝까지 책임진다는 일은 얼마나 아득하고 무거운지요. 부모가 되면 누구나 '걱정 전문가'가 되어버립니다.

지금도 어딘가에서 걱정과 불안의 무게를 덜어보려고 여기저기를 헤매는 부모들이 보이는 것만 같습니다. 언젠가의 저도 그랬어요. 육아에 지친 어느 날에도 아이가 잠들면 작은 스탠드를 켜고 육아서를 찾았고, 아이를 돌보다 잠시의 틈이 나면 인기 있다는 육아 프로그램을 찾아봤습니다. 불안에 시달리는 밤이면 스마트폰으로 육아 콘텐츠를 찾아보다 새벽을 맞은 적도 있습니다.

때때로 그 안에서 해답을 얻고 도움을 받기도 했지만, 쏟아지는 육아 정보의 홍수 속에서 허우적거리다 보면 자주 숨이 찼습니다.

아무도 대놓고 말하지는 않았지만, 누군가가 제게 이렇게 말하는 것만 같았어요. 이만큼은 했어야지. 이렇게 해서 되겠어? 따끔하게 혼이 나고 나면 육아는 그만큼 어려운 숙제로 다가왔습니다. 어느 때는 헷갈렸습니다. 육아법이라는 것도 시대나 사회적 분위기에 영향을 받기 마련이어서 어느 때는 아이의 응석을 받아주면서 키우면 커서 고생하니 어릴 때부터 무섭게 잡아야 한다는 타이거맘이 대세였다가, 언젠가부터는 아이의 마음을 읽어주는 공감 육아가 대두하더니, 어딘가에서는 공감 육아가 이기적이고 통제되지 않는 아이와 진상 부모를 만들어낸다는 목소리가 들렸습니다.

그래서 저는 시중에 쏟아져 나오는 육아법에 집착하지 않기로 했어요. 육아서를 보더라도 그 책이 전하는 육아법을 내가 다 실행할 수 있을 거라는 욕심을 버렸습니다. 그중에 나와 내 아이를 성장하게 할 조언을 하나 얻으면 그것으로 되었다는 마음을 가졌습니다. 사람들이 다양한 삶을 살아가듯 육아 방식도 다양할 수 있으니 나와 아이에게 맞는 더 좋은 답을 찾아가는 마음으로 살자며 부담을 내려놓았습니다. 그러자 신기하게도 내가 찾고 싶고 듣고 싶었던 육아에 관한 이야기들이 조금 더 잘 보이고 잘 들리기 시작했어요. 아이를 교육해야 하는 대상으로 보는 대신 함께 삶을 배우고 찾아가는 존재로 바꿔 생각하자 육아가 예전보다 덜 무겁게 다가왔습니다.

그 마음을 잊지 않기 위해, 어느 날 저는 아베 피에르 신부의 이 문장을 포스트잇에 써서 매일 앉는 책상 앞에 붙여놓았습니다.

"삶이란 사랑하는 법을 배우기 위해 주어진 얼마간의 자유시간이다."

그 문장을 볼 때마다 생각합니다. 나는 지금 아이 덕분에 내가 미처 깨닫지 못한 사랑하는 방법을 매일 배우고 있다고. 아이 덕분에 타인을 다시 보고, 살아가는 세세한 법을 부지런히 공부하고, 다양한 세계를 만나고 있다고. 육아란 이제 제게 그런 의미입니다. 그것을 깨닫게 해준, '사랑하는 법'이 담긴 문장들을 소개합니다. 아이를 가르치기 위해서가 아니라 사랑하는 법을 배우는 마음으로 찾은 문장들이 제게 그랬듯, 작은 바람에도 흔들리는 당신의 마음을 지켜줄 수 있기를 바랍니다.

17

아이가 기댈 언덕이 되어준 사람이

어려운 환경 속에서도 꿋꿋이 제대로 성장해나가는 힘을 발휘한 아이들이 예외 없이 지니고 있던 공통점이 하나 발견되었다. 그것은 그 아이의 입장을 무조건적으로 이해해주고 받아주는 어른이 적어도 그 아이의 인생 중에 한 명은 있었다는 것이다. 그 사람이 엄마였든 아빠였든 혹은 할머니, 할아버지, 삼촌, 이모이든 간에, 그 아이를 가까이서 지켜봐주고 무조건적인 사랑을 베풀어서 아이가 언제든 기댈 언덕이 되어주었던 사람이 적어도 한 사람은 있었던 것이다.

_김주환, 『회복탄력성』, 위즈덤하우스, 2019, 58쪽

(   )

1955년에 사회·경제적으로 몹시 열악했던 카우아이섬(하와이 군도 중 하나)에서 태어난 아이들 833명을 성인이 될 때까지 추적 조사하는 대규모 연구가 있었습니다. 30년이 넘게 이어진 연구에서 심리학자인 에미 워너 교수는 극심한 가난과 불우한 환경에도 불구하고 훌륭한 청년으로 성장한 72명을 발견했고, 그들을 조사하며 역경을 이겨내는 힘이라고 할 수 있는 '회복탄력성' 개념을 정립하죠. 그 결론이 담긴 문장을 읽을 때마다 논어의 '애지욕기생(愛之欲其生)'을 떠올립니다. '사랑은 그 사람을 살게 하는 것.' 어떻게 사랑해야 하냐는 질문에 이보다 더 좋은 답을 저는 아직 찾지 못했습니다.

18

애쓰는 것보다 그 한 번을 안 하는 것이 낫다

스무 번 중에 열아홉 번은 친절한 엄마인데 한 번은 광분한다면, 차라리 그 열아홉 번을 너무 애쓰지 않는 것이 낫다. 그리고 그 한 번을 안 하는 것이 낫다. 그것이 아이한테는 훨씬 더 이롭다. 열아홉 번 애쓴 것이 다 필요 없다는 이야기가 아니다. 애를 쓰는 것보다 절대로 하지 말아야 하는 한 번을 안 하는 것이 낫다는 것이다.

_오은영, 『못 참는 아이, 욱하는 부모』 코리아닷컴, 2016, 41쪽

19

누군가가 날마다 상냥하다는 건

내가 물어볼 때마다 이훤은 아무리 바빠도 상냥하게 하나하나 알려준다. 정확히 꼭 들어맞는 표현이 있을 때든 없을 때든 내 질문이 정말 소중하다는 듯이 대답한다. 그런 상냥함은 매일 봐도 놀랍다. 누군가 날마다 상냥하다는 건 정말 뿌리깊게 강인하다는 의미다.

_이슬아, 『인생을 바꾸는 이메일 쓰기』, 이야기장수, 2025, 251쪽

20

사랑하고 다정하게 대해주면

"그래, 마릴라, 그러자. 네 마음대로 하렴. 단지 버릇이 나빠지지 않을 만큼만 그 아이를 사랑하고 다정하게 대해주면 좋겠어. 그 아이가 너를 좋아하게만 할 수 있다면, 네가 하는 말은 뭐든 들을 거라는 생각이 드는구나."

_루시 모드 몽고메리, 『빨간 머리 앤』 시공주니어, 2015, 72쪽

( )

고아 소녀인 앤을 자신들의 초록 지붕 집에 들이기로 한 마릴라에게 오빠인 매슈가 한 이야기입니다. 결혼을 한 적도, 아이를 키워본 적도 없는 매슈 아저씨는 어떻게 이런 육아 비법을 알고 있었을까요? 어릴 적 『빨간 머리 앤』을 읽을 때는 앤의 사랑스럽고 발랄한 상상에 눈이 갔는데, 엄마가 되어 다시 읽으니 부모와 같은 마음으로 앤을 사랑하는 남매 마릴라와 매슈의 이야기에 더 자주 마음이 머뭅니다. 특히 '사랑'이야말로 최고의 가르침이라는 것을 몸과 마음으로 보여준 매슈 아저씨는 제게 최고의 육아 스승입니다.

21

받아들여질 수 있다는 믿음

할머니가 베푼 관용은 나에게 심리적인 안전판이 되었다. 혹시 잘못을 저지르더라도 관용으로 받아들여질 수 있다는 믿음은 무언가 새로운 것을 시도해볼 수 있다는 자신감의 씨앗이 되었다. 그것은 본질적으로 매우 중요한 창의력의 씨앗이기도 했다. 남들과 다른 선택을 하고, 다른 질문을 던지고, 반대하는 목소리에 굴하지 않고 나의 주장을 내세울 수 있는 용기의 근원이었다.

한편으로, 고집 센 아기의 저지레 앞에서 그저 무력하고 어쩔 줄 모르겠는 엄마가 된 나에게 할머니가 전해주는 위로이기도 했다. (…)

나는 할머니의 오래된 사투리를 흉내 내어 뒤얐어, 뒤얐어라고 혼잣말하면서 어린 꿀짱아와 내가 함께 자라는 시간들을 채워나갔다. 뒤얐어라고 중얼거리다 보면 내 앞에 저질러진 일들이 신기하게 그럭저럭 다룰 만한 크기로 작게 움츠러들었다. 기껏해야 네 살, 열 살, 열다섯 살 아이가 저지른 일일 뿐인 것이다.

_심윤경, 『나의 아름다운 할머니』, 사계절, 2022, 109~110쪽

22

육아의 왕도

화령 (한 손은 아기의 가슴 위에 놓은 채) 기우제가 왜 단 한 번도 실패한 적 없는지 아느냐?

무안 (잠시 생각하다가 도리도리)

화령 (아기 토닥토닥) 비가 올 때까지 기다리기 때문이다. 아기도 마찬가지야. 그칠 때까지 안아주고 달래줘야 돼. 딴 방법은 없다. 아이가 준비됐을 때까지 기다려줘야지.

_박바라 대본집, 『슈룹 2』 북로그컴퍼니, 2022, 227쪽

(   )

이제 막 초보 아빠가 된 무안은 울음을 그치지 않는 아기 때문에 어쩔 줄 몰라 하다가 어머니인 화령에게 도움을 청합니다. 화령이 아기를 소중히 받아안고 가만히 토닥이자 아이는 언제 그랬냐는 듯 울음을 그치죠. 그 비법을 묻는 무안에게 왕자 넷을 낳아 키운 어머니 화령이 전해준 답에는 육아의 전부가 들어 있습니다. 기다림. 아이가 준비가 될 때까지 언제까지나 기다려주는 마음. 그 마음을 아이가 성장해 어른이 될 때까지 잊지 않기 위해 오늘도 엄마 선배의 말을 한 자 한 자 따라 써봅니다.

23

자기만의 세계를 창조하는 능력

아동은 엄마의 부재와 존재, 엄마 없이 살아갈 수 없다는 두려움과 그럼에도 생존할 수 있는 능력을 놀이로 배우면서 자란다. (…) 단, 여기서 말하는 놀이란 단순히 보드게임 같은 놀이가 아니라, 공허함과 적막감을 달래며 '내적 붕괴'의 두려움을 떨쳐버릴 수 있는 무언가를 발명하고 상상하고 고안하는 놀이이다. 아동은 놀이와 애착 인형을 통해 유아기 때 엄마에 대한 절대적 의존에서 벗어나 온전히 독립된 인격체로 거듭난다.

 어른이 된다는 것은 이렇듯 "다른 누군가와 함께하면서도 홀로 존재할 수 있는 능력"을 갖게 되는 것이다. 이는 자신이 존재하고 있다는 사실을 스스로 확신할 수 있으며, 자신의 불평이나 요구를 들어주지 않는 세상의 무관심에 상처받지 않는 능력이다. 이는 곧, 스스로 자기만의 세계를 창조하고 자기만의 현실을 만들어내는 능력이다.

_로랑스 드빌레르, 『철학의 쓸모』, 피카, 2024, 309쪽

공감이란

비폭력대화에서 '공감'은 다른 사람이 무엇을 관찰하고 어떻게 느끼고 무엇을 필요로 하고 부탁하는지에 귀 기울이는 것입니다. 이때 우리는 마음을 비우고 우리의 온 존재로 들어야 합니다. 아무것도 계획하거나 의도하지 않고, 어떤 선입관이나 판단도 떨쳐버려야 공감은 가능해지지요. 공감이란 무언가를 하려고 하지 않고 그냥 그곳에 그 사람과 함께 있는 것입니다.

_이윤정, 『우리 가족을 위한 비폭력대화 수업』 그래도봄, 2023, 212쪽

25

나의 사랑, 나의 기쁨

나는 엄친아라는 말을 들을 때마다
'우리나라 모든 양육자여, 피양육자의 자존감을 지키고 키울 수 있는 호칭을 쓰자'
이렇게 쓰인 피켓을 들고
'엄친아 부르기 금지 캠페인'을 벌이고 싶다.

이탈리아에서는 양육자가 피양육자를 이렇게 부른다.
미아 스텔라Mia Stella, 우리말로 하면 나의 별!
미오 아모레Mio Amore, 나의 사랑!
미아 조이아Mia Gioia, 나의 기쁨!
미오 테조로Mio Tesòro, 나의 보물!

_장명숙(밀라논나), 『햇빛은 찬란하고 인생은 귀하니까요』, 김영사, 2022, 37~38쪽

(　　　)

밀라논나 작가의 문장을 필사하노라니 몇몇 태명이 떠올랐습니다. 야무지고 탐스럽다는 뜻의 도담이, 아이가 건강했으면 하는 마음을 담은 튼튼이, 부부의 빛이 되길 바라는 마음이 담긴 새별이. 거창한 소망보다 그저 건강하게 만나기만을 바라며 뱃속 아기에게 말을 걸던 순간을 기억하세요? 오늘 하루는 그 마음으로 아이를 대할 수 있다면 좋겠습니다. 엄마 친구 아들, 딸 얘기는 하지 말고요.

부엌 선반에 작은 돌멩이를 올려둔다면

사람들이 여전히 "매를 아끼면 아이를 망친다"라는 말을 믿고 있었을 때 그녀는 젊은 어머니였습니다. 그녀는 사실 그 말을 믿지 않았습니다. 그러나 어린 아들이 말썽을 저지른 어느 날, 이날만큼은 난생처음 아이에게 매를 들어야겠다고 생각했습니다. 그녀는 아이에게 나가서 회초리를 구해 오라고 말했습니다. 어린 아들은 나가서 오랫동안 돌아오지 않았습니다. 마침내 아이가 울면서 돌아와서는 이렇게 말했습니다.

"회초리는 못 찾았어요. 그치만 엄마가 저한테 던질 수 있는 돌멩이를 구해 왔어요."

그 말을 듣고 엄마는 눈물을 터뜨리고 말았습니다. 불현듯 아이의 눈에서 모든 것이 보였기 때문입니다. 아이는 틀림없이 이렇게 생각했을 것입니다.

'엄마는 나를 아프게 하고 싶어 해. 그렇다면 돌멩이도 괜찮을 거야.'

(…) 우리의 부엌 선반에 작은 돌멩이를 하나 올려둔다면 좋겠습니다. 어린이들과 우리 스스로에게 "폭력에 반대합니다"라는 말을 계속 상기시키는 수단으로 말입니다.

_아스트리드 린드그렌, 『폭력에 반대합니다』, 위고, 2021, 39~44쪽

(   )

47년이 지났어도 인터넷에 '회초리'를 검색하면 등나무, 대나무 회초리 같은 많은 상품이 뜹니다. 문득 어느 소설 속 소녀의 따끔한 질문이 떠오르네요. 어른들은 아이들을 가르치려고 때린다는데, 그럼 어른보다 더 어른스러운 누군가가 어른들을 가르치기 위해 때린다면 가만히 맞고 있겠느냐고 묻던 그 장면을요. 우리는 어떤 대답을 해야 할까요?

27

이해가 느린 건 옳고 그름의 문제가 아니다

많은 어른이 그와 비슷한 방식으로 양육한다고 생각한다. 설명하지 않고 강요하는 방식. 이해하지 않고 겁주는 방식. 내게 너무 쉬우므로 네게도 쉬울 거라고 편하게 생각하는 방식. 공부를 못하고 말을 한 번에 이해하지 못하는 내게 어른들은 왜 그렇게 소리를 질렀을까. 어른들이 소리를 지르면 내가 뭘 모르는 게 엄청난 죄 같았다. 무언가를 잘한다고 칭찬할 수는 있지만 무언가를 못한다고 야단치는 건 이상하다. 내가 돈을 훔쳤다면 벌을 받아야 한다. 도둑질은 옳지 않은 행동이니까. 하지만 남들보다 이해가 느린 건 옳고 그름의 문제가 아니잖아.

_최진영, 『어떤 비밀』 난다, 2024, 258쪽

(   )

우리가 자랄 때 이러한 교육 방식 때문에 '수치심'과 싸우지 않을 수 있었다면 어땠을까요. 그 에너지를 나 자신을 사랑하는 데 쓸 수 있었다면 우리는 자신을 덜 미워하지 않았을까요? 나를 미워하는 대신 그 힘으로 무언가를 더 사랑할 수 있지 않았을까요?

28

아이는 그네에서 뛰어내릴 필요가 있다

아이와 강아지는 스릴을 추구하는 동물이다. 이들은 스릴에 굶주려 있으며, 어린 시절의 두려움을 극복하고 발견 모드가 기본 설정이 되도록 뇌를 연결하려면 스릴을 경험해야 한다. 아이는 그네를 타고 높이 올라갈 뿐만 아니라 그네에서 뛰어내릴 필요가 있다. 새로운 것과 모험을 찾아 숲과 폐품 처리장을 탐험할 필요가 있다. 친구들과 함께 공포 영화를 보거나 롤러코스터를 타면서 비명을 지를 필요가 있다. 그런 과정을 통해 눈앞에 닥친 위험을 판단하고, 위험이 닥쳤을 때 적절한 행동을 취하는 능력을 포함해 다양한 능력이 발달하며, 일이 잘못되었을 때 설령 좀 다친다 하더라도 대개는 어른을 부르지 않고도 충분히 대처할 수 있다는 사실을 배우게 된다.

_조너선 하이트, 『불안 세대』, 웅진지식하우스, 2024, 120~121쪽

29

못하는 걸 잘하게 하려고 애쓰는 것보다

"저도 나중에 깨닫게 된 건데, '못하는 걸 잘하게 하려고 애쓰는 것'보다 '잘하는 걸 더 잘하게 하는 것'이 중요하더라고요. 그동안 우리는, 아이가 못하는 걸 더 잘하도록 해서 팔방미인을 만들려고 애쓰는 교육을 했잖아요. 이스라엘 사람들이 농담처럼 '너네 나라는 신이 안 준 능력을 개발하려고 애쓰는 이상한 나라다. 왜 신도 안 준 걸 인간이 개발하려고 하냐?' 그랬대요. 아이가 가진 능력을 끌어내주는 게 제일 중요한 건데, 그동안은 '애가 뭘 못하나?'만 신경 쓰면서 지적질을 하고 있었던 거죠."

_"[이진순의 열림] '이렇게 했더니 애를 망쳤다' 교장선생님의 '엄마 반성문'",
이유남 저자 인터뷰 중에서, 《한겨레》, 2017

사춘기 아이들은 부모에게 맞서고
이길 수 있어야 한다

사춘기의 아이들은 부모에게 맞서고 이길 수 있어야 한다. 아이라서 어른의 말을 따라야 한다고 생각하지 않는다. 그 '어른의 말'이라는 것이 절대 진리는 아니기 때문이다. 아들의 말과 행동에 속이 상하면서도 나는 아들이 부모를 상대로 자기주장을 펼쳐나가는 게 대견했다. 부모가 가진 선입견과 편견에 반기를 들 수 있어야 세상의 부조리에도 이의를 제기할 수 있다.

사춘기의 충돌은 거칠고 투박해 서로에게 상처를 내지만, 그 또한 성장의 과정이다. 이 시기는 아이들에겐 안전한 공동체인 가정에서 자기주장을 끝까지 펼치는 경험을 할 수 있는 소중한 시간이고, 부모에겐 인내심의 한계에서 한 번 더 참을 수 있는 능력을 기르는 성숙의 시간이다.

_정재경, 『있는 힘껏 산다』, 샘터, 2024, 116쪽

31

엄마에게 허술한 면이 없었다면

엄마는 빈틈없이 깐깐한 것 같으면서도 그렇게 허술한 데가 있었다. 엄마가 셈이 바른 것은 자타가 인정하는 바이나 막상 자신의 가난한 돈지갑이 새는 것도 모르는 것이 엄마의 또 다른 면이었다. 나는 지금까지도 엄마에게 그런 허술한 일면이 있었음을 감사하고 또한 그로 인해 엄마를 사랑한다.

_박완서, 『그 많던 싱아는 누가 다 먹었을까』, 웅진지식하우스, 2025, 104쪽

(   )

엄마는 딸이 지갑에 손을 댄 것을 끝까지 몰랐습니다. 결과적으로 딸은 엄마의 돈을 훔치고도 누구에게도 혼나지 않았지만, 그 후로 단 한 번도 같은 잘못을 저지르지 않습니다. 그리고 고백합니다. 만약 엄마가 자신의 도벽을 알아냈더라면, 유난히 민감했던 자신은 걷잡을 수 없이 못된 애가 됐을 거라고. 때로 아이들은 엄마의 빈틈 안에서 일탈을 경험해보고, 스스로 잘못을 깨닫고 마음을 들여다보면서 더 크게 자라는 것도 같습니다. 이 이야기 덕분에 허술한 엄마인 저도 힘을 얻습니다. 우리의 빈틈을 채우며 더 깊고 단단해질 아이들을 생각하면서요.

32

부모가 가르쳐줘야 할 것은 불안이 아니다

시험 성적만으로 결정될 만큼 인생이 단순하지 않으며, 호락호락하지도 않다. 그런데도 많은 부모가 사소한 차이에 집착하고 그것을 엄청난 것처럼 부풀려 아이에게 불안을 가르친다. 이번 시험을 망치면 인생도 망하는 거라는 메시지를 암암리에 주입하는 것이다. 하지만 부모가 굳이 경고하지 않아도 아이들은 이미 충분히 불안하다. 우리 사회가 그런 불안을 너무도 잘 가르치고 있다. 그러므로 오히려 부모가 알려 줘야 하는 것은 한 번 실패한다고 해서 인생이 끝나는 게 아니라는 믿음이다. 막다른 길에 다다른 것 같아도 언제나 문 하나쯤은 열려 있다는 희망이다. 그러니 주눅 들지 말고 마음껏 한번 살아 보라는 배짱이다.

_한성희, 『벌써 마흔이 된 딸에게』, 메이븐, 2024, 249쪽

독서 지도할 때 명심해야 할 7가지

1. 재미있는 독서가 좋은 독서다.
2. 독서시간을 정해 매일 읽는다.
3. 지식독서를 강요하지 않는다.
4. 일주일에 한 번은 도서관이나 서점에 간다.
5. 스마트폰과 컴퓨터는 늦게 접할수록 좋다.
6. 학습만화는 금물이다.
7. 천천히, 많이 생각하며 읽을수록 똑똑해진다.

_최승필, 『공부머리 독서법』, 책구루, 2018, 121쪽

( )

박노해 시인의 시 「부모로서 해줄 단 세 가지」에 나오는 "책을 읽고 일기를 쓰고 홀로 고요히 머무는 습관"은 아이가 평생 가지고 갔으면 해요. 책이 주는 자유와 다른 세상을 만나는 기쁨이 아이에게 살아가는 내내 힘이 될 거라 믿습니다. 그것을 아이와 함께 만들어가기 위해 필사해둔 문장인데요. 이 중에 몇 가지는 부모인 우리가 먼저 시도해보기에도 무리가 없을 것 같습니다.

34

세상에 나가면
'네가 첫 번째'라고 해주는 사람은 없다

나는 우리 아이를 한 인격체로 대했습니다. 아기나 어린이라고 생각하지 않고요. 무척 엄하게 꾸짖은 적도 있는데, 아마 상처를 받기도 했겠죠. 하지만 너무 아무것도 모른 채 세상에 나와서부터 좌절하기 시작하면 곤란하니까, 내 선에서 어느 정도 좌절을 시켜야 하지 않을까 싶었습니다.

그래서 나는 아이를 키울 때 맛있는 게 있으면 딱 꺼내놓고, 엄마가 제일 먼저 먹는 거라고 가르쳤어요.

다른 사람이 보면 심하다고 생각할지도 모르겠지만, 일부러 '누구야, 어서 먹어라' 같은 말은 안 했어요. 세상에 나갔을 때 '네가 첫 번째'라고 해주는 사람은 없으니까요.

_키키 키린, 『키키 키린: 그녀가 남긴 120가지 말』, 도서출판 항해, 2019, 203쪽

3장

찬란한 (행복)과 깊은 (고독) 사이에서

우리가 꼭 듣고 싶었던 엄마 됨의 기쁨과 슬픔

"아이는 소중하고 무서웠다."

 소복이 작가의 책에 나오는 이 문장처럼 육아는 내 안의 양가적인 감정을 내내 마주하는 일이 아닐까 생각합니다. 엄마인 우리는 아이의 보드라운 살결과 배시시 웃는 모습에 세상을 다 가진 것 같다가도 한시도 떨어지지 않는 아이를 두고 도망치는 상상을 합니다. 여리고 작은 존재에게 더 잘해주어야지 하면서도 고단한 일상에 치여 아이에게 잔인하게 구는 자신을 발견하고 소스라치게 놀라기도 하지요. 매일 훌쩍 성장하는 아이에게 감탄하면서도 돌아서면 일상에 치여 제자리걸음만 하는 것 같은 자괴감을 느끼는 순간도 있습니다. 혼자만의 시간을 갈망하면서도 훌쩍 자라 멀리 날아갈 아이들 생각에 깊은 쓸쓸함에 잠기기도 하지요.

 어울릴 수 없을 것 같은 감정을 하루에도 몇 번씩 오가는 엄마들

---

* 소복이, 『만화 그리는 법』, 유유, 2021

은 그래서 혼란스럽습니다. 한 마디로 설명하기 어려운 이 마음을 누가 알까요. 엄마로 사는 일이 외로워질 때면, 누군가가 "당신이 이상한 게 아니에요. 당신과 비슷한 내가 여기 있어요."라고 말해주길 바랐습니다. 엄마 됨의 시간을 포장하지도 비하하지도 않는 솔직한 이야기를 듣고 싶었습니다. 아쉽게도 그런 이야기는 찾기가 쉽지 않았어요. 아이를 훌륭하게 키우는 법에 관한 책은 넘치도록 많았지만. 아마도 그건 사람들이 유독 엄마에게는 따스하고 밝은 면만 기대하기 때문인지도 모릅니다. 희생과 인내로 요약되는 엄마의 서사가 많은 것도 그런 이유는 아닐까요?

좋은 이야기의 가치는 그것이 문학이건 영상 작품이건 상관없이 삶의 양면을 두루 보여주는 데 있다고 생각합니다. 밝은 것과 어두운 것, 선한 것과 나쁜 것, 아름다움과 추함, 행복과 고통, 감동과 슬픔이 섞인 이야기를 통해서 우리는 삶의 모순을 받아들일 힘을 얻습니다. 그 순간 우리는 즐겁고 행복하고 따스했던 시간만을 선택하며 살 수 없다는 것을, 삶이란 아무리 괴롭고 힘들더라도 그 모든 것이 한데 어우러져 나아가는 일이라는 것을 깨닫게 됩니다. 삶이 그렇듯, 육아의 순간도 다르지 않음을 전해주는 이야기들은 그래서 더 소중합니다. 얼마 전 김지은 문학평론가의 강연에서 문학의 역할 중 하나가 삶에 타당성을 부여해주는 것이라는 얘기를 듣고 깊이 감응한 적이 있는데, 저 또한 제가 모은 이야기가 비슷한 역할을 해주길 기대하고 있습니다.

그 마음을 담아 찾은 문장이 3장에 담겨 있습니다. 더 인내하고 훌륭해지라는 말 대신 당신이 지금 느끼는 감정은 당연한 거라고 말해주는 문장들이 부모 됨의 기쁨과 슬픔과 환희와 고통을 투명하게 보여줍니다. 이 이야기들을 조금 더 일찍 만났더라면 어땠을까요. 그랬다면 언젠가 방송인 김나영이 말했듯 "매일매일 내가 별로인 사람인 걸 확인"하는 것처럼 자신의 한계를 시험하는 육아의 시간 속에서도 나를 조금 더 너그럽게 대할 수 있지 않았을까요? 그랬다면 아이와 함께하는 순간에 온전히 마음을 쏟는 일이 지금보다 더 쉬웠을지도 모릅니다.

한편으로 문장을 찾고 필사하며 아이와 무사히 하루를 보내는 것만으로도 버거워 잊어버렸던, 평범하고 소소해서 더 아름다웠던 순간들이 찾아와 많이 행복하기도 했습니다. 곤히 잠든 아기 곁에서 은은하고 포근한 아기 냄새를 맡던 순간, 아이와 침대에서 유치하게 장난을 치며 깔깔대던 어느 밤, 창가에 서서 가방을 등에 메고 등교하는 아이의 뒷모습을 보며 짠한 마음이 들던 아침…. 그 모든 순간은 여전히 제 안에 있었습니다. 그 순간들과 함께 부서질 듯이 작고 여린 존재였던 아이가 나무처럼 조금씩 단단해지고 굵어지는 모습들이 눈앞에서 푸르게 펼쳐졌습니다. 그리고 그 모든 날과 모든 순간이 부모인 내게 주어진 큰 선물이었음을 알았습니다. 당신에게도 그런 시간이 찾아오면 좋겠습니다.

   모쪼록 엄마인 당신이 지나온 시간을 선물처럼 안고 다시 사랑할 힘을 얻을 수 있기를 바라며, 외롭고 찬란한 우리의 행복이 담긴 문장들을 소개합니다.

나에게 아기 냄새는

사람마다 느낌이 다르겠지만 나에게 아기 냄새는 이른 아침 이슬을 맞으며 피어난 나팔꽃, 혹은 오월의 장미에게서 나는 냄새다. 가끔 생각한다. 인생의 한 시절 이런 냄새를 맡고 지낸 사람과 아닌 사람이 같을 수 있을까? 아닐 것이다.

_신경숙, 「그 집의 우물은 아직도」, 『요가 다녀왔습니다』, 달, 2022, 19~20쪽

세상을 밝히는 존재들

세탁소 아저씨의 웃는 모습을 아들 덕분에 5년 만에 처음 본다. 멀리서 아들을 본 택배 아저씨는 담배를 쥔 손을 얼른 뒤로 숨기고 스윽 웃으신다. 지나가던 차들이 경적 한 번 누르지 않고 유모차에서 내리는 아들을 기다려준다. 동네 사람인 줄은 알음알음 알고 있었지만, 미처 인사를 나누지는 못했던 이웃들과 아들을 앞세워 안부를 묻는 사이가 되었다. 아들이 태어나고 내 동네에 동화 같은 일이 많아졌다.

_오송민·이지훈, 『자유로운 생활』 위즈덤하우스, 2025, 173쪽

(   )

이 다사로운 문장 덕분에 저도 아이를 유아차에 태우고 산책할 때마다 반갑게 웃으며 손을 흔들어주시던 동네 할머니와 아이의 고사리 같은 손에 쿠키를 쥐여주시던 카페 사장님을 다시 떠올렸습니다. 그러자 안녕달 작가의 그림책 『별에게』에 나오는 이야기가 찾아와 마음을 밝혀주네요. "네가 오고 나서 집이 참 환해졌지." 오늘은 아이에게 이렇게 한번 말해볼까요? "네가 오고 나서 세상이 참 환해졌지."

혼자 있는 법을 배우기 위해
수많은 시간을 함께해야 합니다

아이는 (…) 엄마의 껌딱지가 되어 엄마 치마 속에서 엄마가 가는 곳이면 어디든지 따라가요. 엄마는 난감할 노릇이지만 이 극단적인 의존은 아이러니하게도 진정한 독립을 이루기 위한 과정이랍니다. 심리학에서는 이를 '의존 역설'이라고 합니다. 혼자 있는 법을 배우고 혼자라는 불안과 두려움을 떨치기 위해서는 그전에 수많은 시간을 함께해야 합니다.

_김세실, 『그림책 페어런팅』, 한길사, 2021, 55~56쪽

(   )

책에서 '의존 역설'이란 말을 만난 뒤부터 아이가 "엄마, 한 번만 안아줘."라는 말을 하면, 바쁘고 귀찮을 때라도 꼭 안아줍니다. 아이가 언젠가 부모를 떠나 혼자 씩씩하게 살아가려면, 부모가 차곡차곡 채워주어야 하는 것이 있음을 기억하면서. 지금의 이 모든 사랑이 언젠가의 헤어짐을 위한 것이라고 생각하면 어쩔 수 없는 슬픔이 밀려오기도 합니다. 그러면 아이가 말하지 않아도 제가 먼저 아이를 안으러 가요. "엄마, 왜 그래?" 아이가 물으면, 이 모든 마음을 꺼안고 말합니다. "그냥."

38

애들이 주는 행복값

낳으면 끝인 줄 아셨구나. 이제 시작인데?
낳으면 걱정거리 더 많아요.
그러니까 걱정이 없어질 거란 희망은 버리세요.
그게 엄마들 정신건강에 훨씬 좋아요.
'애들이 주는 행복값이다'라고 생각해야지 어쩌겠어요.
그래도 다행인 건 걱정하는 일 대부분은 안 일어나더라고요. 믿어보세요.

_김송희 극본, 이민수 연출, 〈언젠가는 슬기로울 전공의생활〉, tvN, 2025

(   )

유독 불안이 심했던 산모가 아이를 무사히 낳은 후 한숨을 돌리며 이제 걱정할 일은 없는 거냐고 묻자 한 사람의 딸이자 엄마이기도 한 산부인과 교수가 자신의 경험을 바탕으로 자상하게 들려준 이야기입니다. 드라마 속 또 다른 대사처럼 하루에 1년씩 늙는 게 육아라지만, 아이를 키우며 저 또한 깨닫고 있습니다. 아이 때문에 우는 날도 있지만, 아이 덕분에 웃는 날이 더 많다는 걸. 그렇기에 우리는 비싼 행복값을 기꺼이 견디는 게 아닐까 싶습니다.

오직 엄마, 오직 내 아이에게만

엄마의 얼굴은 다른 누구와도 다른 두뇌 처리 과정을 거칩니다.
엄마에게 아이도 마찬가지입니다.
아이가 울 때 엄마의 편도체는 급격히 활동을 시작합니다.
편도체는 두려움을 관장하는 뇌 부위이므로
이 부분에 활성화가 일어난다는 것은
우리의 두뇌에 비상이 걸린다는 것을 의미합니다.
재미난 점은 편도체의 급격한 활성화가
오직 자기 아이 울 때만 나타날 뿐
남의 아이가 울면 나타나지 않는다는 겁니다.
이런 까닭에 다들 남의 자식 일에는 한없이 객관적일 수 있지만,
막상 자기 자식 문제에는 감정이 앞선 판단을 하는 것이죠.
아이와 엄마는 이처럼 서로 긴밀히 연결되어 있습니다.

_서천석, 『서천석의 마음 읽는 시간』, 김영사, 2013, 176~177쪽

40

너에게 하는 말은 결국 나에게 하는 말

아이가 뭔가 마땅찮아 울기 시작할 때 울지 말고 말해볼까 하고 말한다. 아이는 이제 원하는 것을 충분히 말할 수 있을 만큼 자랐다. 그러나 나의 말을 들은 아이는 더 크게 운다.
그래도 말로 해야지. 안 그러면 다른 사람들은 알 수가 없어, 하고 누구에게 하는 말인지 모를 말을 한다. 거절당해도 괜찮아, 잘 못해도 괜찮아, 너는 고유한 존재고, 그 자체로 아름답거든. 우주에서 단 한 명이라도 너를 조건 없이 사랑해준다면, 너는 괜찮을 거야. 그리고 너는 이미 그런 사랑을 가졌으니, 그 사랑은 영원한 것이니 아무렴, 너는 천하무적이란다. 듣고 싶었던 말을 한다.

_최지현, 「남자 없는 여자들」, 『사나운 독립』, 무제, 2025, 83쪽

41

아이를 내 의도대로 빚어내려는 부담에서 벗어날 때

'투입-산출'이라는 공식에서 벗어날 때, 아이를 내 의도와 노력대로 조물조물 빚어내려는 부담에서 벗어날 때, 나는 아이와 존재 대 존재로 만날 수 있었다. 목적 없이 상호작용하고, 조건 없이 웃고, 이유 없이 아이의 생명력에 감탄했다. 그러나 발달 지표로만 아이를 판단할 때, "발달이 좀 느린 편"이라는 의사의 말이 내 안에서 반복 재생될 때, 아이는 대체 불가능한 존재가 아니라 성과를 만들어내야 하는 대상이 되었다.

_이설기, 『엄마라는 이상한 세계』, 오월의봄, 2024, 79쪽

42

가치 있는 모든 것은 어렵다고

온 마음을 바닥까지 박박 긁어 다 꺼내어 사랑해도 되는 시절, 숨이 차오르고 심장이 쿵쾅쿵쾅댈 만큼 사랑해도 되는 시절, 끌어안고 비비고 뽀뽀하고 깔깔대는 시절, 아무리 사랑해도 도망갈 리 없고 서로에게서 도망칠 수도 없는 시절, 사랑이 강요가 되어 갇혀버린 무인도의 시절, 내 영혼을 털어내듯 걱정하고 보호하는 시절, 이런 시절은 인생에 잠시 주어진다.

(…)

신이 있다면, 신은 우리에게 잠시 온 영혼을 고갈시키듯이 사랑하라고 아이가 있는 한 시절을 주는 것 같다. 한 번 사는 인생, 그렇게 사랑할 시절을 가지라고, 삶의 가장 깊은 정서를 한 모금 마시고 돌아오라고 말이다. 그리고 나는 생각한다. 삶이 어려운 것은 그만큼 가치 있기 때문이라고, 가치 있는 모든 것은 어렵다고 말이다.

_정지우, 『그럼에도 육아』 한겨레출판, 2024, 19~21쪽

아이를 키운다는 건

"간단하게 말해 아이를 키운다는 건 기쁜 건 더 기쁘고 슬픈 건 더 슬퍼지는 일 같아요. 감정의 폭이 넓어지고 알지 못했던 감정의 선까지 보게 되죠. 감정선이 깊어지다 보니 타인의 삶과 감정에 공감하는 폭이 넓어지고요."

_엄지혜, 『태도의 말들』 유유, 2019, 41쪽

(　　　)

부모 됨의 이런 시간에 대해 박주영 판사는 산문집 『괄호 치고』에서 이런 표현을 쓴 적이 있어요. "부모는 앰프다." 소리를 증폭시키는 앰프처럼, 아이가 전해주는 기쁨과 슬픔과 행복과 고통을 더 크고 진하게 느끼는 게 부모의 자리란 뜻인데요, 아이를 만난 뒤 세상과 사람이 달라 보였던 것도 달라진 감정의 밀도 때문이겠죠. 어쩌면 아이는 그렇게 더 깊고 뜨겁게 삶을 껴안는 법을 가르쳐주기 위해 우리에게 온 존재인지도 모르겠습니다.

44

엄마가 굉장히 용감해져야 한다는 뜻이야

"정밀검사 결과가 나오던 날 다섯 살, 세 살 아들 둘을 맡길 데가 없어서 양손에 하나씩 잡고 데리고 갔어. 오른쪽 가슴에 4기 종양이 자라고 있고 당장 수술을 해야 한다는 말을 아이들과 함께 듣고 나오는데 큰아이가 물었지. '엄마, 4기 종양이 뭐야?' 난 아이의 눈을 보며 말했어. '엄마가 굉장히 용감해져야 한다는 뜻이야.' 큰애는 고개를 끄덕였고 작은애가 말했지. '엄마, 나 배고파!'"

_곽세라, 『나의 소원은, 나였다』 앤의서재, 2025, 153~154쪽

45

아아, 이런 것이 어른이 되는 과정인 걸까

나는 가끔 작가 앨리스 먼로가 마흔 즈음에 아이들을 키우고 서점을 운영하고 글을 쓰느라 이러다 심장마비에 걸려 죽을 수도 있겠다 싶었다고 했던 말을 떠올린다. 이제야 알겠다. 사람들은 모두 그렇게 할 줄 알아서 그렇게 하는 것이 아니라, 선생님에게 지목당한 학생처럼 엉겁결에 떠밀려 나와 울면서 이 모든 일을 해내는 것이다. 아아, 이런 것이 어른이 되는 과정인 걸까.

_한수희, 『조금 긴 추신을 써야겠습니다』, 어라운드, 2020, 85~86쪽

(   )

언제나 우리를 진실로 위로하는 사실은 이런 것이 아닐까요? '나도 그렇고 당신도 그렇다는 것.' 그런 문장을 책에서 확인할 때마다 생각합니다. 우리는 때로 견디며 살아가고 있는 것만으로, 포기하지 않고 오늘을 건너는 것만으로 서로에게 용기와 격려를 보내고 있는 건지도 모른다고. 어쩐지 오늘은 눈빛만으로도 내 마음을 읽어주는 친구와 있는 것처럼 안연한 마음으로 지낼 수 있을 것 같습니다.

46

실은 아이가 나를 품고 있다는 걸

내가 아니면 안 되는 존재와 함께 사는 이 경험에 대해 생각한다. 때때로 속박처럼 느껴진다. 보이지 않는 실이 아이와 나를 강력한 힘으로 묶어 둔 것 같다. 가끔씩 심술부리는 아이처럼 날 부르는 아이의 말을 못 들은 척하기도 한다.

그러다 또 어느 날은 나를 찾아 허공을 더듬는 아이를 품에 안고 엄청난 위로를 받는다. 아이를 낳기 전에는 상상하지 못했던 안정감이다. 적어도 이 아이에게 나는 쓸모가 있다. 그렇게 아이가 나를 구원해 주는 것 같다. 품에 안긴 아이가 실은 나를 품고 있다는 걸 깨닫는다.

_임지영, 『멍게의 맛』, 후마니타스, 2025, 97쪽

(　　　　)

나를 꽁꽁 묶어 옥죄는 끈의 존재를 느낄 때가 있습니다. 우리는 그 순간 그 끈만 풀어버릴 수 있다면 더 많은 것을 해내거나 더 행복해질 거라 믿습니다. 그런데 살다 보면 나를 묶고 있다고 생각한 그 끈이 실은 내가 쓰러지지 않도록 나를 지켜주고 끌어주고 있었음을 깨닫게 되는 날이 있습니다. 내 삶의 대부분을 내어주어야 하는 아이라는 존재도 엄마에게 그렇습니다. 그래서 우리 어머니들이 우리를 보며 그런 말을 했던 건가 봐요. "내가 너 때문에 산다." 그 말의 참뜻을 이제야 깨닫습니다.

언제나 나를 속수무책으로 만드는

"어, 엄마…… 엄마."

언제나 나를 속수무책으로 만드는 이 부름. 언제나 나를 힘겹게 하고 나를 무겁게 하고 나로 하여금 단정히 앉아 글을 쓰게 하는 그 부름.

_공지영, 「월춘 장구」 『할머니는 죽지 않는다』 해냄, 2017, 26쪽

48

빗방울까지도 두려워하며 길을 걷는다

내가 사랑하는 사람이
나에게 말했다.
"당신이 필요해요"

그래서
나는 정신을 차리고
길을 걷는다
빗방울까지도 두려워하면서
그것에 맞아 살해되어서는 안 되겠기에.

_베르톨트 브레히트, 「아침저녁으로 읽기 위하여」
『아침저녁으로 읽기 위하여』 푸른숲, 2018, 19쪽

(   )

어떤 시는 인생의 어느 시기를 만나고 난 다음에야 온 마음으로 이해하게 됩니다. 베르톨트 브레히트의 이 시가 그랬습니다. 어떻게든 살아야 한다는 마음이라는 것이 무엇인지, 죽어도 죽을 수 없는 마음이라는 것이 무엇인지, 그래서 빗방울까지 두려워할 수밖에 없는 마음이 무엇인지 아이를 만나고 비로소 알았습니다. 같은 마음으로 애써 정신을 차리고 길을 걷는 당신의 오늘이 무탈하기를 빕니다.

4장

당신의 (세계)는 여전히 아름답다

더 크고 깊어질 우리의 날들을 위하여

아이를 어린이집에 처음 보내고 몇 년 만에 혼자인 시간을 맞았던 어느 봄날을 기억합니다. 창으로 들어온 빛살과 그림자가 어우러져 만들어낸 거실은 아늑하고 고요했습니다. 오랜만에 느끼는 그 평온함이 좋아서 잠시 서 있으려니 개켜야 할 빨래며 아이가 갖고 놀던 레고며 치워야 할 것들이 눈에 띄었지만, 모두 한쪽으로 미뤄두고 아이가 그림을 그리던 작은 책상 앞에 앉았습니다. 그리고 노트북을 열었습니다. 아이가 태어난 후로 다이어리에 메모만 했을 뿐 이렇다 할 원고 작업을 하지 못한 지 꽤 오래였어요. 아무도 내게 글을 써달라고 말하지 않았지만, 써야 할 것 같았습니다. 아니 그래야만 했습니다. 그땐 몰랐지만, 지금 와 생각해보면 그건 어떤 절박함이었습니다. 이렇게라도 하지 않으면 내가 나를 지키지 못할 것 같다는 위태로움에서 벗어나고 싶은.

이것이 저만의 이야기는 아닐 거예요. 몇 년 전, 이윤주 작가의 『어떻게 쓰지 않을 수 있겠어요』를 읽다가 비슷한 마음인 엄마들이 너무나 많다는 걸 확인한 적이 있습니다. 편집자이기도 한 작가는 출판사에 처음 입사하고 글을 쓰는 엄마들이 정말 많다는 사실에 놀랍니다. "투고 원고가 들어오는 메일함"에 "아이를 낳아 한창 키우고 있는 엄마들이 보낸 글 뭉치가 끊이지 않았"* 던 거죠. 육아만으로도 바쁘고 버거운 일상에서 엄마들은 왜 시간을 쪼개서라도 글을 써야 했던 것일까요. 아니 왜 글이라도 쓰지 않으면 안 됐던 것일까요.

누구에게나 나 자신으로 살고 싶은 욕망이 있습니다. 그렇기에 우리는 사는 내내 스스로에게 묻곤 합니다. 나는 누구인가. 나는 무엇 때문에 이 세계에 존재하는가. 이것은 결국 정체성에 관한 물음과 다르지 않습니다. 엄마'만'으로 살아가다 보면 여태까지 나로 불렸던 이름이 지워지는 것처럼 자신의 정체성이 희미해지는 걸 느낍니다. 어느 순간 엄마들이 독서모임이나 필사를 시작하고, 다시 일을 찾는 것도 여기에 이유가 있다고 생각해요.

이상합니다. 세상은 쉽게 엄마는 위대하다고, 엄마의 삶만큼 소중한 게 없다고, 아이를 낳으면 전보다 더 충만하고 행복할 거라고

---

* 이윤주, 『어떻게 쓰지 않을 수 있겠어요』, 위즈덤하우스, 2021

하는데, 왜 정작 엄마로 살아가는 우리는 때때로 자신이 사라지는 것처럼 느끼는 것일까요? 그 이유 중 하나를 말하라면, 모성을 인내와 희생의 상징으로 이상화하며 엄마의 돌봄과 수고(노동)를 당연하고 흔한 것으로 여기는 인식을 들고 싶습니다. 삶의 욕구나 보람이라고 할 수 있는 본질적인 충족감을 채우지 못하면 자존감이 쉽게 무너집니다. 기혼 여성의 5명 중 1명이 육아로 경력단절을 경험˚하는 것처럼 사회적으로 단절되는 상황까지 더해지면 외로움과 고립감도 깊어지죠.

게다가 가족 안에서 엄마라는 이름으로 성취를 이루는 일은 얼마나 어려운가요. 아주 오래전부터 아이의 문제 앞에서 엄마들이 (아빠와 달리) 받아온 무책임하고 경솔한 비난과 평가만 생각해봐도 그렇습니다. 엄마가 아이를 너무 받아줘서 그렇다, 엄마가 너무 이기적이어서 그렇다, 엄마가 아이를 너무 몰라서 그렇다…. 그러니 엄마들은 "아무리 노력해도 C 학점 이상은 절대 안 나오는 과목을 덜컥 수강"하고 "기준이 너무 높아 누구도 만족시킬 수 없는 일을 최소

˚ 통계청, 「2023년 상반기 지역별고용조사 기혼여성의 고용 현황」, 2023

20년간 해야 하는 기분"•에 시달릴 수밖에 없습니다.

　한계 속에서 자신을 잃지 않기란 얼마나 어려운 일일까요. 견고한 사회적 인식과 많은 제약이 있는 엄마라는 자리가 바로 그렇습니다. 지금도 어딘가에서 고군분투하며 엄마들은 이런 생각을 할지 모릅니다. 이게 아니라고. 내 삶의 주도권을 다시 내가 가져야 한다고. 나를 잃지 않아야 내 아이를 지킬 수 있다고.

　엄마들에게 자신을 긍정하는 입구가 되어 하나의 길을 열어줄 문장들을 선물하고 싶었습니다. 어떤 고통은 그것을 정확하게 인식하는 것만으로도 치유가 시작될 수 있다고, 지금 힘겨운 것은 나아가고 있다는 뜻이라고, 엄마이기 때문에 이래야 한다는 것은 없다고, 당신의 세계는 여전히 아름답다고 말하고 싶었습니다. 엄마이기 이전에 한 사람으로서 우리 자신을 지키기 위해 모은 문장들이 잊고 있던 나다운 나를 만나게 해주길 기대하며 4장의 문을 열겠습니다.

•　한성희, 『벌써 마흔이 된 딸에게』, 메이븐, 2024

49

부모가 된다는 것은 과정이다

부모의 뇌과학은 모성 본능에 관한 오래된 이야기에서 명백하게 빠져 있는 것을 드러내왔다. 그건 바로 시간이다. 엄마가 된다는 것, 부모가 된다는 것은 과정이다. 취약한 사람을 전적으로 돌보는 강도 높은 일을 이전에 해본 경험이 없는 한, 기본적인 육아 능력은 존재하지 않는다. 그 능력은 성장한다. 그 성장은 고통스러울 수 있고 매우 강력할 수도 있다. 그리고 오랫동안 지속된다. 그 경험이 어떤 식으로 펼쳐질지는 온갖 종류의 요인에 좌우된다. 그 근본적인 진실을 이해한다면 우리의 기대가(자신에게 하는 기대는 물론이고 남을 비판하는 기준이기도 하다) 어떻게 변할까?

_첼시 코나보이, 『부모됨의 뇌과학』 코쿤북스, 2024, 34쪽

50

고통이기에 앞서 지독한 고독

출산으로부터 시작된 여정에서 단 한 차례도 쉰 적이 없는 여성들은 그야말로 너덜너덜해진 몸과 마음을 고백했다. 극심한 변화의 한복판에서 해진 마음을 잇고 깁듯이 글을 썼다. 동생은 '나지만 내가 아닌 것 같은' 느낌을 자주 토로했었다. 갓난아이를 먹이기 위해 여성의 신체는 전에 없던 호르몬과 각성을 동원한다. 그것은 생경한 고통이기에 앞서 지독한 고독일 거라고 나는 짐작한다. 인간의 몸이 겪어내는 감각은, 그것이 여성 인류가 대대로 경험했으며 수많은 출산·육아 책에 모조리 쓰여 있다 해도, 결코 타인과 온전히 공유할 수 없기 때문이다. 신체적 고독에 사회적 고독이 더해진다. 삶에서 가장 귀한 존재를 얻은 대신, 그들은 자신의 어떤 일부가 훼손되고 있다고 느낀다. 이 과정에서 '정신의 바느질'이 필요하지 않은 여성은 드물 것이다.

_이윤주, 『어떻게 쓰지 않을 수 있겠어요』 위즈덤하우스, 2021, 30쪽

다시 나 자신이 되는 법을 배워야 해

"이건 모두 아주 자연스러운 일이야. 처음에 나는 어른이 된 뒤 12년 동안 일을 하면서 나만의 인생을 살았어. 그리고 결혼했지. 처음 임신한 순간부터 나는, 말하자면 나 자신을 다른 사람들에게 넘겼어. 아이들에게. 그 후 12년 동안 나는 단 한 순간도 혼자였던 적이 없어. 나만의 시간이 없었어. 그러니까 이제 다시 나 자신이 되는 법을 배워야 해. 그뿐이야."

_도리스 레싱, 『19호실로 가다』 문예출판사, 2018, 290쪽

(   )

수전은 1960년대 인물이지만 21세기를 사는 우리도 그녀와 다르지 않습니다. 많은 여성이 육아와 가사를 책임지느라 경력이 단절되고, 닫힌 공간에서 반복되는 가사 노동에 한계를 느낍니다. 같은 이유로 무력감과 불안감에 시달리던 수전은 일주일에 사흘, 어느 호텔의 '19호실'로 향합니다. 집도 일터도 아닌 '제3의 공간'에서 숨을 쉬기 위해서였죠. 우리보다 앞선 세대의 인물인 수전의 시간에 씁쓸하게 공감하고 있노라면 버지니아 울프가 『3기니』에서 한 이야기가 어쩔 수 없이 떠오릅니다.
"인류에게 진보란 없는 듯합니다. 그저 반복이 있을 따름이지요."

새로운 균형을 잡는 시간

육아에 비중을 많이 둘 수밖에 없는 시기도 있고,
회사 생활에 집중할 수밖에 없는 시기도 있고,
나라는 사람을 돌보는 게 더 필요한 시기도 있다.
아이가 학교에 들어가고 난 후,
이전과는 다른 종류의 줄타기가 시작되었다.
아슬아슬하게 잡아놓은 균형을 뒤로한 채
또다시 새로운 비율을 찾아야 하는 것이다.

_김진형·이현주, 『너를 만나고 엄마는 매일 자라고 있어』, 수카, 2020, 46~47쪽

53

엄마인 나의 하루는 당연하지 않다

나는 이제 부모라 해도 당연히 해야 하는 건 없다는 사실과 어떤 역할을 맡았다고 해도 그 역할을 해낼 힘은 똑같지 않다는 사실을 명백히 아는 사람이 되었다. 부모니까 누구나 할 수 있고 해야 하는 일이라는 건 애초에 없었던 거다. 나의 부모가 묵묵히 해왔기에 당연한 거라 착각했을 뿐, 대부분 부모가 매일 하는 일상의 소소한 빨래부터 천문학적인 교육비까지 어느 하나 빠질 것 없이 대단하고 특별한 일이다.

다들 하는 일이라며 엄마인 나의 하루를 당연하게 취급하지 않기를 바란다. 우리가 엄마니까 당연하게 해야 한다고 여겼던 일상의 일들을 꼽아보며 엄마인 나를 칭찬해보자. 피할 수만 있다면 피하고 싶은 귀찮고 힘들고 무거운 일들을 끝내 최선을 다해서 해내는 엄마인 나를 돌아보고 쓰다듬어주고 싶은 밤이다.

_이은경, 『나는 다정한 관찰자가 되기로 했다』 서교책방, 2024, 219쪽

누군가를 항상 사랑할 수 있는 관계란 없다

검증되지 않은 가설: 첫째, "타고난" 엄마는 다른 정체성이 없는 사람이며, 하루 종일 어린아이들과 함께 있는 것에서 가장 큰 만족감을 얻을 수 있는 사람이며, 아이들에게 삶의 속도를 맞추는 사람이다. 둘째, 엄마와 아이들이 집에 격리되어 있는 것은 당연하다. 셋째, 모성애는 이타성 그 자체이며, 그래야만 한다. (…) 나는 "무조건적"인 사랑을 베푸는 전형적인 어머니상에 시달리고, 시각적·문학적으로 표현되는 어머니 이미지에 오로지 하나의 정체성밖에 없음에 시달린다. 그 이미지에 부합하지 않는 측면이 내 안에 있다면 비정상적이고 끔찍한 것일까? 이제는 스물한 살이 된 첫째 아들이 앞의 문단을 읽고 이렇게 말했다. "엄마는 늘 우리를 사랑해야 한다고 느끼셨던 것 같아요. 하지만 한시도 빠짐없이 누군가를 사랑할 수 있는 관계란 없어요."

_도리스 레싱 등저, 모이라 데이비 편, 『분노와 애정』 시대의창, 2018, 138쪽

55

실수하고 실패하는 모습도 소중하다

우리도 실수하고 실패하는 모습을 보여줄 필요가 있다. 완벽한 엄마가 아닌, 있는 그대로의 인간다운 모습이 아이들에게는 더 소중한 가르침이 된다. 이것이야말로 진정한 균형이다. 때로는 건강식 대신 햄버거에 감자튀김, 디저트로 한 끼를 때우는 날도 필요한 것처럼 말이다. 우리가 '슈퍼맘'이 되려고 발버둥 치다 보면 아이들은 자연스레 '슈퍼키즈'가 되려고 안간힘을 쓸 테고, 결국 우리가 겪는 이 극심한 스트레스를 그대로 물려받을 것이다. 좋은 엄마라는 훈장은 결국 우리 가족 누구에게도 행복을 가져다주지 않는다.

_세릴 치글러, 『위험한 엄마』 글항아리, 2025, 331쪽

( )
엄마의 어깨를 누르는 여러 압박에서 해방될 이런 문장을 얼마나 기다렸는지요. 그런 의미에서 오늘 저녁 메뉴는 '햄버거'로 정할까 하는데, 함께하실 분 계신가요?

4장 당신의 세계는 여전히 아름답다

불완전한 내가 진짜 나다

나를 김이설로 아는 사람들에게 나는 두 딸아이를 키우며 소설을 쓰는 사람이겠지만, 내 아이들에게 나는 소설을 쓰는 직업을 둔 엄마 김지연일 뿐이다. 그 둘은 엄연히 다르지만 또 한편으로는 다분히 같다. 그래서 나는 둘 다 잘 해낼 수 있고, 때때로 한쪽만 잘 해낼 수도 있으며, 둘 다 못 해낼 수도 있다. 그런 불완전한 내가 진짜 나라고 의연하게 받아들이는 일. 그것이 당신이 아는 소설 쓰는 '김이설'이자, 김이설로도 불리는, 희원이와 효명이의 엄마, '김지연'인 것이다.

_김이설, 「글 쓰는 엄마」 『쓰지 못한 몸으로 잠이 들었다』 다람, 2022, 114쪽

57

엄마에게 허락된 목소리

아이의 성격이 본성이냐 양육이냐를 놓고 과학적으로 오래 격돌해왔지만 엄마의 양육은 또래 집단과의 교류에 비하면 아이들에게 미치는 영향이 미미하다고 결론 난 지 오래다. 그럼에도 엄마들은 아이들의 성취에 전적인 책임을 진다. 발화자로서 엄마들에게 허락된 목소리는 오로지 아이들의 성취 혹은 실패에 대해서 이야기할 때만이다. 아이들이 이른바 명문대에 가거나 사회적 성공을 거두었을 때, 그 양육의 비법을 말할 자격, 아이들이 실패했을 때 반성문을 쓸 자격, 오로지 두 가지만을 허용한다. 아빠들은 아이들과 함께 놀아준 것만으로도 이야깃거리가 될 수 있지만 말이다.

_이현주, 『나의 가련한 지배자』 코난북스, 2021, 220~221쪽

( )

엄마의 죄책감을 부추기는 사회적 분위기에 고개를 숙이지 않으면 좋겠습니다. 아이는 부모의 영향을 받으며 자라나는 게 맞지만, 그와 함께 세상 또한 온몸으로 껴안으며 성장하니까요. 그 모든 것 안에서 자신만의 스타일과 속도로 자라날 아이를 믿고 기다려주는 것, 그것이야말로 양육자가 해야 할 가장 중요한 일이라는 것을 뚝심 있게 믿으며 오늘도 각자의 자리에서 행복한 육아를 하길 응원합니다.

58

아이들은 부모의 꿈을 칠할 캔버스가 아니다

우리 부모들이 자녀를 원하는 방향으로 만들어갈 수 있다는 생각도 착각에 불과하다. 이제 내려놓자. 아이들은 부모의 꿈을 칠할 빈 캔버스가 아니다.

조언 전문가들의 이야기를 듣고 너무 걱정하지 마라. 자녀를 사랑하되 사랑해야 한다는 강박 때문에 사랑하지 말고 사랑스럽기 때문에 사랑하라. 양육을 즐겨라. 그리고 당신이 할 수 있는 만큼만 가르쳐라. 긴장을 풀어라. 자녀가 어떤 인간이 되는지는 당신이 아이에게 얼마만큼의 애정을 쏟았는지를 반영하지 않는다. 당신은 자녀를 완성시키지도, 파괴시키지도 못한다. 자녀는 당신이 완성시키거나 파괴시킬 수 있는 소유물이 아니다. 아이들은 미래의 것이다.

_주디스 리치 해리스, 『양육가설』, 이김, 2022, 496쪽

59

그들은 이 사랑의 깊이를 상상할 수조차 없다

이 사회에서는 여러 가지 방식으로 우리를 비하한다. 우리를 몸매는 엉망이고 스트레스와 피로에 짓눌린 사람으로 묘사한다. 우리는 "촌스러운 청바지"를 입은 엄마이고 "아재 개그"를 하거나 "아저씨 몸매"를 지닌 아빠. 부모의 고통을 기술한다고 주장하는 많은 《뉴욕 타임스》 기사에서는 최선을 다해 부모를 우울하고 쓸모없고 딱한 존재로 묘사한다.

아이들을 어떤 세대로 키워야 하는가에 대한 방향과 목표를 제시하는 많은 이들이 우리를 방해물이라 생각한다. 하지만 그들은 아이의 미래에 대한 관심과 걱정에서 부모인 우리를 절대 따라오지 못한다. 그들은 우리 사랑의 깊이를 상상할 수조차 없다.

_애비게일 슈라이어, 『부서지는 아이들』, 웅진지식하우스, 2025, 370~371쪽

60

엄마가 사라지는 세계

가끔 아이들을 초등학교 정문까지 바래다주곤 했다. "잘 다녀올게!" 하며 교문 너머로 들어서는 산과 바다의 뒷모습을 보면 매번, 정말 한 번도 안 빼놓고 매번, 콧등이 시큰해진다. 등에 멘 가방보다도 작아 보이던 녀석들이 성큼 커 있다. 뛴다. 아이들이 뛴다. 아이들은 언제나 빗방울처럼 뛰어간다. 뒤통수밖에 안 보이지만 웃고 있는 얼굴이 다 보인다.

운동장 어디에선가 아이들의 친구들이 자석처럼 다가와서 서로 자석처럼 붙는다. 교실로 들어가다 말고 철봉이 있는 모래밭에 책가방을 냉큼 던지네. 학교에 들어서는 순간 저 아이들만의 세계가 열리겠지. 엄마가 사라지는 세계.

나도 얼른 콧등 한 번 찡긋하고 나의 세계로 돌아간다. 아이들이 저 교문을 다시 나오기까지만 열리는,

나의 세계로.

_이수지, 『만질 수 있는 생각』 비룡소, 2024, 136쪽

61

엄마가 정체성 그 자체가 되지 않도록

성장이란 아이가 주위 어른이 우주와 관계 맺는 모습을 보면서 이를 모방하고 변형시키며 마침내 자신만의 방법을 개발해 나가는 과정이다. 아이와 가장 가까운 어른인 엄마(경우에 따라 아빠나 할머니, 할아버지 혹은 혈연관계가 없는 다른 어른일 수도 있겠지만 이 글에서는 엄마라고 가정하기로 한다)가 자신이 맺어 왔던 우주를 모두 부정하고 오로지 아이만을 우주로 설정하려 들면 아이의 우주는 좁아지고 혼란스러워진다. 그러므로 좋은 엄마가 되려면, 그냥 나 자신이 좋은 사람이 되면 된다. 내가 좋은 인생을 살면 된다. 내가 하고 싶은 걸 하고, 내 감정에 충실하고, 다른 이들과 의미 있는 관계를 맺으면 된다. "엄마"가 나의 수많은 정체성 중 하나일 뿐, 나의 정체성 그 자체가 되지 않도록 하면 된다.

_정아은, 『엄마의 독서』 한겨레출판, 2018, 263쪽

62

나만의 세계를 가꾼다는 것은

우리가 '나'만의 활동을 하고, 나만의 세계를 가꾸기 시작하면, 우리는 가정에서 분리된 자아를 지닐 수 있게 됩니다. 한국 사회가 오랫동안 "여기만 너희들의 자리야"라고 엄마들을 붙잡아 매두었던 지정석에서 분리되는 거지요.

일단 분리되고 나면 자연스럽게 깨치게 됩니다. 가족은 한 몸, 한 덩어리가 아니라는 걸. 가정은 서로 완전히 다른 개성을 지닌 구성원들이, 낮 동안 각각 다른 곳에서 자신에게 걸맞은 활동을 하다가, 저녁이면 한곳에 쉬러 모이는 품이라는 걸. 우리는 다만 그 어울림이 따사롭고 조화롭게 되도록 노력할 따름입니다. 자신만의 독립적인 세계를 가짐으로써, 다른 가족 구성원들의 독립성도 정중하게 받아들이는 거죠.

_오소희, 『엄마의 20년』, 수오서재, 2019, 222쪽

63

몸은 돌아가지 않고 나아간다

"예전 몸 찾아야지." 앞으로 이런 말은 안 하려고 해. 사실 내 몸은 예전으로 돌아가지 않을 테니까. 그럴 수도 없지. 몸은 앞으로 나아가지. 나는 이 몸과 함께 앞으로 나아가는 거야.

_마이카 버하르트, 『이토록 완벽한 불균형』 길벗, 2025, 60쪽

(   )

세계 정상급 등반가이자 작가인 마이카 버하르트는 뱃속 쌍둥이의 존재를 알게 된 날부터 아기들이 네 살이 넘을 때까지 아이들에게 (육아일기이기도 한) 편지를 씁니다. 어느 날, 같은 일을 하는 친구와 통화를 하다 예전 삶으로 돌아가고 싶은 마음이 무심결에 툭 튀어나오자 작가는 다짐해요. 자신의 인생을 과거의 한때와 비교하는 일은 앞으로 안 하겠다고. 달라진 몸과 삶을 껴안고 나아가겠다는 엄마의 편지를 훗날 아이들이 본다면 어떨까요? 저는 무조건 '반한다'에 한 표 걸겠습니다.

5장

한 사람의 (전부)였던
당신에게 안부를 물으며

부모가 되어 부모를 생각하는 시간

한 아이의 부모가 되어 살아가다 보면 한 번씩 내 부모의 시간을 생각하게 됩니다. 세상에 대한 의심도 걱정도 없이 단잠에 빠진 순한 얼굴을 보며 온유한 평화를 느낄 때면, 작은 아기였던 우리를 깨끗이 목욕시키고 재울 때 세상 부러울 것 없이 행복했다는 엄마의 얼굴이 그려집니다. 외출했다 돌아올 때 "꺄아!" 하는 아이의 즐거운 환호를 기대하며 떡이며 빵을 뒤에 숨긴 채 "엄마가 뭐 사왔게에~" 하고 현관문을 열 때는 퇴근할 때마다 빈손으로 오는 법이 없던 아빠의 마음에 가 닿게 되지요. 내 어린 날의 부모와 지금의 내가 겹쳐져 '이런 마음이었구나' 싶어 뭉클해지는 날이 있는가 하면 몰랐던 부모의 마음들이 뒤늦게 헤아려져 가슴이 먹먹해질 때도 있습니다.

부모 됨의 소소한 서러움이 밀려드는 날, 인생이 자신을 시험하는 것처럼 끝없이 실패의 쓴맛만 보여주는데도 쓰러져 있을 새도 없이 매일 일어나 일을 찾고 밥을 짓던 엄마의 뒷모습이, 인생을 전부 바쳤는데도 해주지 못한 것에 원망을 쏟아내는 아이들 앞에서

벌컥 화를 내는 대신 쓸쓸히 뒤돌아서던 아빠의 그늘이 마음에 밀려오기도 합니다. 그 마음 한편에는 부모가 되어보니 더욱 이해하기 어려운 어떤 마음들도 있습니다. 작은 아이였던 내게 왜 그래야만 했을까. 부모가 매정하고 무책임하게 느껴졌던 순간도 가끔 찾아오니까요.

　사랑한다는 것은 누군가를 이해하려고 애쓰는 마음과 다르지 않다는 것과 동시에 누군가를 완벽하게 이해하는 일은 달에 손이 닿길 바라는 것처럼 이루기 힘든 일이라는 걸, 누구나 살면서 배우게 됩니다. 피를 나누고 함께 사는 가족에게도, 내 모든 것을 주어도 아깝지 않을 부모-자식 관계라고 할지라도 예외는 없습니다. 발가벗은 작은 아이를 온몸으로 안아주며 키운 부모도 어느 순간 내 아이를 다 알지 못한다는 것을 인정할 수밖에 없는 날이 오고, 자신에게 일어난 크고 작은 모든 일을 종알종알 이야기하던 아이도 성장하면서 비밀을 갖게 된다는 걸 알고 있습니다. 어느 때는 부모이기에, 또 자식이기에 더욱 말할 수 없는 것들이 생기기도 하죠. 어릴 때의 무심한 천진함으로는 부모를 헤아리기 어렵고, 부모가 되어 부모의 입장을 헤아린다고 해도 우리의 깨달음은 언제나 너무 늦되고, 늦었기에 미처 다 헤아릴 수 없는 것들이 있습니다.

어른이 된다는 건 그 모든 것을 수용하는 일인지도 모르겠습니다. 우리는 사랑하지만 끝내 서로를 이해하지 못한 채 무수한 잘못을 저지르고 상처 입히며 후회하고 아쉬워합니다. 그렇다고 우리가 서로를 사랑하지 않는다는 뜻은 아님을 압니다. 미워하면서도 사랑하고, 사랑하면서도 이해할 수 없고, 이해할 수 없으면서도 받아들이고, 받아들이면서도 안타까워할 수 있습니다. 그 모든 것에도 불구하고 우리가 서로에게 없어서는 안 될 소중한 존재라는 걸 의심하지는 않습니다. 사랑 안에는 그런 다양하고 복잡한 감정이 함께 녹아 있는 법입니다.

그래서일까요. 부모가 되고 부모를 생각하면 오래전에 본 영화 〈흐르는 강물처럼〉에 나오는 대사가 한 번씩 마음에 사무치기도 합니다. "완전히 이해할 수는 없어도 완전히 사랑할 수는 있다." 스무 살 무렵에는 이해할 수 없었던 이 말을 부모를 떠나보내고 부모가 되어 떠올릴 때면, 어쩔 수 없이 조금은 서글퍼지고 그러면서도 다행이란 생각을 합니다. 이해할 수 없어도 사랑할 수 있는 덕분에 우리는 이 지상에서 사랑하고 사랑받는 존재로 서로에게 남을 수 있는 것 아닐까요? 때로는 그것만으로 우리의 생이 충분히 괜찮았다고 말할 수 있지 않을까요?

  5장의 문장에는 이 모든 마음이 담겨 있습니다. 어른이 된 후에야 보이는 자식을 향한 부모의 어떤 사랑, 부모이기 이전에 한 사람으로서의 그들을 이해하는 마음, 부모와 자녀가 서로를 생각하는 애틋한 마음이 담긴 이야기들. 그 문장들을 가만히 들여다보고 있자니, 사랑이란 되돌아가지 않고 내내 흐르는 물 같다는 생각도 듭니다. 당신이 이 문장들을 오래 바라보며 천천히 쓰기를 바랍니다. 사랑의 물결이 우리 안에 일렁일 수 있도록. 그렇게 언제나 우리 안에 사랑이 흐른다는 것을 깨달을 수 있도록.

64

해가 지면 밥 짓는 냄새

내가 끊임없이 먹어야 했던 것처럼 어머니는 끊임없이 무언가를 만들어내야 했다. 딱히 할 일이 없어도 부엌에서 어머니가 이런저런 것을 재우고, 절이고, 저장하는 모습을 보면, 나는 새끼답게 마구 게으르고 건방져지고 싶었다. 그래서 어머니가 바쁘다는 걸 빤히 알면서도, 방바닥에 자빠져 티브이를 보거나 문지방에 기대 잔소리를 해댔다. 해가 지면 밥 짓는 냄새가 서서히 풍겼다. 도마질 소리는 맥박처럼 집 안을 메웠다. 그것은 새벽녘 어렴풋이 들리는 쌀 씻는 소리처럼 당연하고 아늑한 소리였다.

_김애란, 「칼자국」, 『침이 고인다』, 문학과지성사, 2007, 152~153쪽

(   )

엄마가 함께였던, 어느 이른 아침이나 저녁의 풍경이 그려지는 문장을 읽으며 생각합니다. 그때 엄마는 밥만 지었던 게 아니라고, 사랑과 온기와 바람과 성실함을 넣어 삶을 짓고 있었다고. 그렇게 당연하고 평범하고 하등 특별한 것 없는 평화로운 작은 순간들이야말로 인생에서 가장 소중한 순간이라는 것을, 엄마는 수많은 한 끼를 지어 우리에게 내어주며 가르쳐주었던 건지도 모르겠습니다.

65

이제는 엄마를 보면 전우애를 느낀다

나는 엄마에게 전우애를 느낀다. 내가 참전한 전투는 나의 선택이 아니었고, 웬만하면 겪지 않는 게 더없이 좋았을 테지만. 어떤 시기에는 올바른 양육자의 모습을 하지 않은 엄마를 책망하기도 했다. 그러나 엄마가 가장 유약한 모습을 띠고 있을 무렵이 지금의 내 나이였다는 것을 나는 이제야 다시금 생각한다.

_차현지, 「핑거 세이프티 작가노트」, 『엄마에 대하여』 다산책방, 2021, 230쪽

66

엄마는 자주 딸 같고 가끔 엄마 같다

엄마는 자주 나의 딸 같고, 가끔 나의 엄마 같다.
예전엔 엄마가 딸 같은 게 싫었다. 엄마는 늘 엄마 같길 바랐다. 언제나 나를 감싸주고, 흔들림 없이 자리를 지키는 존재가 되길 바랐다. 하지만 이젠 그것이 다소 이기적인 마음이라는 걸 안다. 딸 같든 엄마 같든 엄마도 그저 한 명의 인간이라는 걸 말이다. 엄마에게도 나름의 취향이 있고, 꿈이 있고, 무지개떡 같다는 생각이 드는 남성상이 있는 것이다.

_이서수, 「무지개떡처럼」, 『엄마를 절에 버리러』, 자음과모음, 2023, 139쪽

67

엄마는 고운 흙만 주고 싶었던 게 아닐까

어떻게 보면 엄마는 본인이 가진 자갈, 바위, 돌이 섞인 미운 흙들을 온몸으로 고르고 골라 고운 흙만 저에게 주고 싶었던 게 아닐까요. 장갑조차 낄 틈 없이 맨손으로 고르고 골라내느라 상처투성이가 되어버렸는데. 저는 엄마 상처를 보려 하지 않고 내가 물려받은 흙들이 아직도 너무 거칠다고 불평만 했어요.

_경향신문 젠더기획팀, 『우리가 명함이 없지 일을 안 했냐』, 휴머니스트, 2022, 132쪽

(　　　)

어느 책에선가, 다 커서 어른이 된 딸이 엄마에게 어릴 적 섭섭했던 일을 얘기하자 엄마가 이런 대답을 했던 게 기억납니다. "너희들은 잘 해준 건 다 까먹고 못 해준 거 하나만 기억하더라." 드라마에서도 그런 말이 나오더라고요. 부모는 미안했던 것만 사무치고 자식은 서운했던 것만 사무친다고. 그렇게 손해 막심한 부모라는 자리에서 견뎌준 당신들의 거칠어진 손을 오늘은 오래오래 보듬어주고 싶은 마음입니다.

엄마, 아버지도 사는 게 무섭던 때가 있었단다

"해가 지면 그날 하루는 무사히 보낸 거다. 엄마, 아버지도 사는 게 무섭던 때가 있었단다. 그래도 서산으로 해만 꼴딱 넘어가면 안심이 되더라. 아, 오늘도 무사히 넘겼구나 하고. 그러니 해 넘어갈 때까지만 잘 버텨라. 그러면 다 괜찮다."

_정희재, 『어쩌면 내가 가장 듣고 싶었던 말』, 갤리온, 2020, 86쪽

사실은 거의 매일 화가 나

성질을 다스리는 데 40년이나 걸렸단다. 그러고도 겨우 제어할 수 있는 정도밖에 안 돼. 사실은 거의 매일 화가 나. 그저 겉으로 티를 내지 않는 방법을 익힌 것뿐이야. 화를 느끼지 않는 방법을 배우기를 바라는데, 그러려면 앞으로 40년은 더 걸리지 싶어.

_루이자 메이 올콧, 『작은 아씨들』 윌북, 2019, 165쪽

(   )

다 저절로 된 줄 알지만, 실은 많은 엄마가 내내 견뎌왔고, 견디고 있습니다. 괜찮은 척, 흔들리지 않는 척을 하면서. 내일은 더 나아지길 기대하면서. 엄마인 당신의 그런 인내를 누군가에게 가끔 들키는 날도 있었으면 해요. 그 고단함과 어려움을 누군가가 알아주는 순간, 우리는 또 한 번 힘을 낼 수 있을 테니까요.

어머니도 실패하는 존재다

엄마에게 증오를 표출하고 책임을 전가하느라 나와 엄마를 둘러싼 세계에 대해 질문하지 못했다. 우리는 세계의 실패를 직시하는 대신 그 실패를 어머니라는 개인에게 떠넘김으로써 근본적 원인을 은폐한다. 어머니도 다른 모든 이와 마찬가지로 실패하는 존재임에도 불구하고.

_하재영, 『나는 결코 어머니가 없었다』, 휴머니스트, 2023, 125쪽

당신에게 이름을 찾아주고 싶었다

나는 늘 엄마에게 이름을 찾아주고 싶었다. 장일호와 장명호의 엄마가 아닌 한 사람. 고3 여름, 취업이 결정되고 폴더형 휴대전화를 처음 가졌을 때 나는 휴대전화에 엄마 번호를 입력하면서 '엄마' 대신 '송명희'라고 적어 넣었다. 아버지가 사랑을 담아 가만히 발음했을 그 이름을.

_장일호,『슬픔의 방문』낮은산, 2022, 24쪽

(   )

가끔 자식들이 어머니를 'OOO 여사'라고 부르는 모습이 왜 그렇게 훈훈하게 다가왔는지 이 문장을 읽으면서 알았습니다. 당신은 나의 어머니로도 너무 소중하지만, 세상에서 불리는 그 이름으로도 멋진 사람이라고 말해주고 싶은 마음. 나라는 존재 때문에 지워진 그 이름을 다시 살리고 싶은 마음. 당신의 휴대전화에는 엄마가 어떤 이름으로 저장되어 있나요? 잘은 모르지만 아마도 1번에 저장되어 있을 당신의 그분이 어디에 계시든 평안하시기를 빕니다.

나는 저 사람이 얼마나 밝은 사람인지 안다

가난한 엄마가 동짓날 팥죽을 쑨다. 나는 저 사람이 얼마나 밝은 사람인지 안다. 나는 저 사람이 얼마나 천진하게 인사하는지, 얼마나 맑게 살려고 노력했는지 안다. 아마 저 사람은 오늘 아침 팥에게 인사했겠지. 모든 재료에게 환하게 웃으며 안부를 묻는 사람. 환대하는 사람, 많이많이 아팠던 사람. 나는 저 여자가 얼마나 많은 걸 포기했는지 가늠도 못 한 채 나에게 준 사랑의 깊이만 안다.

_고명재, 『너무 보고플 땐 눈이 온다』, 난다, 2023, 30~31쪽

(   )

당신의 엄마는 어떤 사람인가요? 아무도 궁금해하지 않는 엄마의 꿈을, 살면서 엄마가 포기해야 했던 것을 알고 있나요? 우리는 끝내 엄마의 전부를 알지 못한 채 언젠가 엄마를 떠나보내겠지만, 떠올릴 때마다 목울대가 뜨거워지는 한 가지 사실은 잊지 않기로 합니다. 엄마로 살아온 당신의 이름 없는 날들 덕분에 지금의 내가 존재한다는 것을.

73

그런 우리여서 애잔하고 아름답지 않은가

엄마는 엄마의 한계 속에서 나는 나의 한계 속에서 최선을 다해 서로를 사랑했을 것이다. 설사 우리 앞에 주어진 한계를 끝내 극복하지 못했다고 해도 그것이 사랑하지 않았다는 증거는 결코 아닐 거다.

생에는 우리의 힘으로 어떻게 할 수 없는 일들이 무수히 놓여 있고, 우리는 그저 시도하고 실패하고 다시 사랑하는 일을 반복하며 살아간다. 그것이 때때로 못내 안쓰럽지만, 그런 우리여서 애잔하면서도 아름답지 않은가 생각하기도 한다.

_박애희, 『엄마에게 안부를 묻는 밤』, 북파머스, 2024, 318쪽

74

엄마가 세상을 떠난 뒤

엄마가 세상을 떠난 뒤 오랫동안 그랬던 것처럼 마치 나무에서 부러진 가지가 된 기분이었다.
(…)
엄마는 내 곁에 없어도 난 여전히 엄마와 딸의 조합을 찾는다. 그러다 모녀의 모습이 눈에 들어오면 보통은 딸과 눈을 마주치려 노력한다. 그리고 가능하다면 그를 향해 고개를 끄덕인다. 난 당신을 보고 있어요. 뭘 하고 있는지 잘 알아요.

_안드레아 칼라일, 『나는 언제나 늙기를 기다려왔다』, 웅진지식하우스, 2025, 249~250쪽

(   )

『회복탄력성』이란 책에서 어느 뇌영상 연구에 대해 읽은 기억이 납니다. 사람들이 자신에 대해 생각할 때와 엄마에 대해 생각할 때 활성화되는 뇌의 부위가 거의 정확히 일치한다는 이야기였는데요. 우리에게 엄마는 자신의 일부였던 거예요. 엄마를 잃은 분들이 때때로 내 안의 무언가가 죽어버린 것 같다고 표현했던 건 과장이 아니었습니다. "부러진 가지"가 되어 다른 엄마와 딸을 그저 바라볼 수밖에 없는 작가를 제가 만날 수는 없겠지만, 그저 멀리서 마음으로 포옹하며 가만히 말해봅니다. 그 마음 저도 알아요.

6장

언제 (어른)이 되느냐고
묻고 싶어지는 날에

아이와 함께하며 삶을 배우는 시간들

'아이를 낳고 키워봐야 진정한 어른이 된다'는 말을 들으면 묻게 됩니다. 엄마인 나는 이제 진짜 어른인가? 삶이 던지는 질문에 나름의 지혜로운 답을 가진, 인생의 크고 작은 태클에도 의연하게 중심을 잡는 그런 어른인가? 그러면 대답처럼 어느 책 제목이 떠오릅니다. '나는 아직 어른이 되려면 멀었다.'
　그렇다면 아이를 낳아야 어른이 된다는 옛말은 틀린 것일까요? 저는 반은 맞고 반은 틀렸다고 말하고 싶습니다. 우리가 존경하는 어른들 중에 아이가 없는 분들을 얼마든지 찾을 수 있는 것처럼 인간의 성숙함은 끊임없는 노력과 성찰의 산물이라고 생각해요. 반대로 아이가 있다고 부모가 어른으로서 언제나 좋은 모습만 보여주는 것도 아니죠. 내 가족, 내 가정만을 생각하다 가족 이기주의에 빠지는 이들도 없지 않습니다.
　그렇긴 하지만 부모가 되면 분명 이전과 달라질 수밖에 없는 부분이 있습니다. 부모가 된 후로 "어떤 사람을 볼 때 능력이나 자격,

교양, 행동이 아니라 단지 '사람'이라는 사실을 그리고 무엇보다도 핏덩이 아이였을 때 부모가 그를 위해 기울였을 애착과 정성을 생각"한다는 라종일 교수의 말처럼, '인류애'라고 부를 수 있는 마음이 커지는 것도 그중 하나라고 할 수 있습니다.

그리고 부모는 매일 조금 더 나은 사람이 되길 꿈꾸는 사람이기도 합니다. 사랑하는 사람을 만나면 더 나은 사람이 되고 싶어지는 것처럼, 부모도 아이가 자라는 것을 보면서 같은 것을 소망하게 되니까요. 게다가 부모에게는 그 소망을 시들지 않게 하는 것이 있습니다. 부모의 등을 보며 자라나는 아이의 맑고 또랑또랑한 눈입니다.

최근에 가족과 뷔페에 갔다가 이런 일이 있었습니다. 식사를 거의 마칠 때쯤 테이블에 남편이 올려둔 결제 영수증이 눈에 들어왔는데, 생각한 것보다 가격이 조금 저렴하게 느껴졌어요. 다시 살펴보니 인원수가 잘못 체크되어 있더군요. 식사는 마쳤고 데스크에는 직원도 보이지 않았지만 그냥 가기에는 마음이 걸렸습니다. 남편은 데스크에 가서 잠시 직원을 기다렸다가 계산이 잘못된 것 같다고 상황

• 김현진·라종일, 『가장 사소한 구원』, 알마, 2018

을 설명했습니다. 바쁜 직원은 그랬냐는 말도 없이 무심한 표정으로 남편의 카드를 받아 취소를 한 뒤 재결제를 해주었습니다. 결제가 어떻게 되었든 별 신경을 쓰지 않는 직원을 보고 돌아오면서 남편이 농담처럼 "그냥 갈 걸 그랬나."라고 했는데, 그 말을 듣자마자 아이가 그랬어요. "그래도 그러면 안 되지." 역시나 아이는 부모인 우리를 계속 보고 있었습니다. 순간 좋아하는 드라마 속 이야기가 머릿속에 스쳤어요. 아이들을 낳고 안으면서 지금부터 살아갈 인생은 내 아이가 자라서 기억할 이야기라고 생각했다는 말.• 그래서 한순간도 치사하게 살 수 없었다는 주인공의 마음에 제 마음이 겹쳐지는 순간이었습니다.

그 마음처럼 부모로 살아가며 걷는 걸음이 늘 부끄럽지 않다면 얼마나 좋을까요. 아이의 눈길을 내 마음에 품고 산다고 해도, 허술하고 부족한 저는 때로는 몰라서, 때로는 잊어서, 때로는 생각이 짧아서 여전히 크고 작은 잘못을 저지르며 사는 부모이기도 합니다. 비합리적인 상황 앞에서 한 번씩 나도 모르게 큰소리를 내고는 뒤늦

• 임상춘 극본, 김원석 연출, 〈폭싹 속았수다〉, 넷플릭스, 2025

게, 혹여 나의 이 모습을 보고 아이가 갈등 상황을 해결하는 데는 힘이 최고구나 하고 생각하면 어쩌나 뜨끔해지고요. 무언가 내 마음에 거슬리는 사람을 아이 앞에서 가볍게 흉보다가도 아차 하며, 나와 맞지 않는 사람을 다 나쁜 사람이라고 여기게 하는 건 아닌가 후회할 때도 있습니다. 다행히 아이는 성장하면 성장할수록 부모의 미숙한 모습을 그대로 받아들이지 않고, 아이만의 투명한 시선으로 고개를 갸웃거리기도 하고 되묻기도 합니다. 그래도 되느냐고, 그게 맞느냐고. 부끄러움을 알게 하는 아이의 존재 덕분에 오늘도 교만을 경계하며 살아갑니다.

그래서 오늘도 공부를 계속할 수밖에 없습니다. 좋은 부모란 무엇인지, 어른의 자리는 어디여야 하는지, 훌쩍 자라 멀리 나아갈 아이들을 위해 어떤 세상을 함께 만들어야 하는지. 언젠가 나의 이야기가 나의 아이에게 부끄럽지 않도록 허투루 살아가지 않기 위해 부모가 해야 할 일은 그런 것이 아닐까 생각합니다. 그렇게 노력하다 보면 언젠가는 마음으로 그려온 어른이 될 수 있지 않을까요? 그날을 기다리며 따스하면서도 예리하고 깊으면서도 너른 시선이 담긴 어른의 문장들을 전해드립니다.

75

삶이란 곧 성장이다

삶이란 곧 성장이며, 성장이란 곧 적응하고 창조하며 자신과 세계를 다루는 역량이 증가하는 과정이다.
(…)
경험치가 쌓일수록 살아갈 힘이 증가하는 것, 그것을 성장이라고 한다. 이러한 성장으로부터 사람은 기쁨을 얻는다. 지금 당장은 아니더라도 성장의 가능성이 있을 때 사람은 희망을 품고 살아갈 수 있다. 희망이 있어야 살아갈 자신을 가지며 계속 스스로를 고양할 수 있다. 반면 성장에 대한 희망이 없다면 삶은 위축된다.

_엄기호, 『고통은 나눌 수 있는가』 나무연필, 2018, 138쪽, 152쪽

(   )

이 문장을 처음 만났을 때, 어떻게 살 것인가에 대한 답을 하나 찾은 것 같아 무척 반가웠던 기억이 납니다. 삶의 기쁨은 성장에 있다는 것을 새삼 깨닫자, 성장에 따르는 시도와 모험과 상처를 예전보다 기꺼운 마음으로 받아들일 수 있을 것 같았습니다. 새해가 되기 전에 새 다이어리를 펼칠 때마다 이 문장을 다시 옮기며 생각합니다. 올해 나는 무엇에 적응하고 무엇을 창조할 것인가. 나 자신과 세계를 다루는 역량을 어떻게 키울 것인가. 그 답을 당신과 함께 찾아갈 수 있다면 좋겠습니다.

어른 역시 많은 가능성의 존재들이 아닌가

사람들은 자라나는 아이를 보며
그 안에 잠자는 가능성에 흐뭇해하지만
사람의 가능성을 그저 업의 영역에서 규정짓지 않는다면
어른 역시 많은 가능성의 존재들이 아닌가.

1년 뒤 우리는
지금보다 밥을 맛있게 지을 수도,
글을 잘 쓰게 될 수도,
(…) 머핀을 직접 구울 수도 있으니까.

세상을 바꿀 정도의 가능성은 아니어도 누군가에게
더 나은 존재가 되어줄 가능성과
스스로의 이상향에 한 걸음 다가서 있을 가능성.

그것이 나이 듦에 절로 소멸하지는 않을 것이다.
놓지 않는 한 사라지지 않으리라 믿고 있다.

_문지안, 『무탈한 오늘』, 21세기북스, 2019, 186~187쪽

어른이 된다는 것은

어른이 되면 거울에 비친 내 모습이 그동안 꿈꿔 온 나와 많이 다름을 알게 된다. 또한 거울을 깨 버린다고 내 모습이 변하는 것이 아님을 알게 되면서, 체념의 고통을 감내해야만 한다. 그것은 어떤 잘못을 해도 용서받을 수 있으며, 어떤 나쁜 일이 일어나면 누군가 틀림없이 상황을 바꿔 줄 것이라는 어릴 적의 기대를 포기하는 것이다. 그리고 이제부터는 모든 것을 내가 결정하고 책임져야 하는, 가진 권리만큼 의무도 커진 시절이 왔음을 인정하는 것이다. (…) 한계를 깨닫는 것, 이젠 더 이상 선택할 수 없게 된 것들을 인식하는 것, 이루지 못한 꿈과 현실의 간극을 깨닫는 것 등은 인간으로서 필연적인 과정이다. 그러므로 어른이 된다는 것은 '내가 세상이고, 내 소망은 명령이다'라는 전지전능했던 유아기의 나르시시즘을 포기하고 그와 이별하는 과정이라고 할 수 있다.

_김혜남, 『생각이 너무 많은 어른들을 위한 심리학』 메이븐, 2023, 243~244쪽

어른의 책무

어른의 책무는 아이들에게 폭력이나 협박, 위협에 기대지 않고도 문제를 해결할 방법이 있음을 가르치는 것이며, 정부의 책무는 비폭력적으로 아이를 키우는 게 가능한 환경을 만들어주는 것이다.

_김희경, 『이상한 정상가족』 동아시아, 2022, 217쪽

(   )

2011년에는 초·중등교육법 시행령 개정을 통해 학교 내 체벌이 금지되었고, 2021년에는 민법 915조(자녀 징계권)가 삭제되어 부모의 자녀 체벌이 원칙적으로 금지되었습니다. 체벌 금지법의 목적에 대해 김희경 작가는 이렇게 이야기합니다. "폭력과 비폭력 사이에 아주 단순하고 선명한 줄을 긋는 것"이라고. 하지만 아직도 체벌 금지법의 존재를 모르는 어른들이 많습니다. 그래서 저는 이 문장이 지금보다 더 많이 알려지기를 소망합니다.

'금쪽이'는 원인이 아니라 결과다

웃으면서 다른 사람을 편하게 '금쪽이'로 부르는 사람들을 보면 '금쪽이'가 되는 경험을 해본 적이 없는 사람이라는 생각이 들었다. '금쪽이'는 문제의 원인이 아니라 결과였다. 사람들은 대개 자신이 불편하면 다른 사람을 문제로 여겼다. 이 과정에서 어떤 어린이는 쉽게 '금쪽이'로 불렸다.

(…)

이해하기 어려운 어린이를 금쪽이라 부르며 다양한 어린이를 단념하면 편하다. 하지만 편한 길을 선택해서 얻는 손해도 있다. 금쪽이라고 말하며 배제하는 순간 배제를 당연하게 여기게 된다. 나는 곤란함을 감수하고 계속 노력하는 일이 다양한 어린이를 배제하지 않는 방법이라 생각한다.

___오유신, 『불순한 어린이들』, 동녘, 2025, 140~141쪽

# 80

어린이는 비를 맞으면 안 되는 사람

몇 살이었는지는 기억나지 않지만 부모님 중 한 분의 무릎에 앉았던 걸 보면 꽤 어릴 때가 아니었나 싶다. 정류장 몇 군데를 거치며 버스에는 승객이 점점 많아져서, 좌석 가까이에 선 사람들은 손잡이가 아니라 유리창을 짚어야 하는 지경이 되었다. 우리 자리 옆에는 어떤 청년이 서 있었는데 그분도 역시 유리창에 손바닥을 댄 채 등에 힘을 주고 버티고 있었다. 그때 우리 쪽을 보며 들릴 듯 말 듯한 목소리로 그분이 말했다.
"애기가 짜부라질까 봐……"
(…)
처음 보는 사람이 나를 보호하려고 안간힘을 쓰고 있다는 사실에 나는 놀랐다. 부모님도 이모나 삼촌도 선생님도 아닌 사람이 나를 지켜주고 있구나. 나는 짜부라지면 안 되는 사람이구나. (…) 내가 우산을 씌워준 이름 모를 어린이가 그런 생각을 해주면 좋을 텐데. 나는 비를 맞으면 안 되는 사람이야.

_김소영, 『어린이라는 세계』 사계절, 2020, 143~144쪽

인생에는 우선순위가 필요하다

내 생각에는, 정말로 젊은 시기를 별도로 치면, 인생에는 아무래도 우선순위라는 것이 필요하다. 시간과 에너지를 어떻게 배분해가야 할 것인가 하는 순번을 매기는 것이다. 어느 나이까지 그와 같은 시스템을 자기 안에 확실하게 확립해놓지 않으면, 인생은 초점을 잃고 뒤죽박죽이 되어버린다.

_무라카미 하루키, 『달리기를 말할 때 내가 하고 싶은 이야기』, 문학사상, 2009, 65쪽

(   )

글쓰기와 달리기(글을 쓸 체력을 키우기 위한)에 집중하는 단순한 일과로 유명한 하루키 작가의 이야기를 읽다가 다독가이자 팝 마니아로 유명한 이동진 영화평론가를 떠올렸습니다. 그 많은 것들을 언제 보고 듣느냐고 질문에 그가 이런 대답을 한 적이 있거든요. "사람을 안 만나면 돼요." 자신만의 분야에서 뭔가를 이룬 사람들의 일상은 이렇듯 단순합니다. 자신이 중요하게 생각하는 한두 가지 외에 다른 것은 과감히 포기할 줄 알죠. 당신의 하루는 어떤가요? 우선순위대로 잘 돌아가고 있나요?

82

내가 나에게 줄 수 있는 가장 기본적인 사랑

무거운 몸을 이끌고 새벽부터 일어나 주방을 여는 세상의 수많은 사람이 품은 사랑 덕분에 이 세상이 굴러가고 있고, 이제는 내가 나에게 그 사랑을 줘야 한다는 것을 압니다. 힘들고 아픈 날에도 장을 보고 밥을 하고 상을 차리며, 기대어 울고 싶은 나에게 스스로 따스한 국물을 먹여주는 엄마가 되어야 한다는 것을 압니다. 자라면서 넉넉하게 받지 못했던 사랑을 나 스스로 저녁 밥상에 차려주는 것이 어른이라는 것을 압니다. 신선하고 좋은 재료를 살펴보고 그중에 내가 좋아하는 식재료를 선별하고 다듬고 요리하는 모든 과정이, 내가 나에게 줄 수 있는 가장 기본적인 사랑의 행위라는 것을 압니다.

_사과이모, 『결국 나를 사랑하는 일』, 책과이음, 2024, 119쪽

싫은 마음을 완벽하게 숨기기 위해

같은 입장이 아닌 사람에게 온전한 동의와 공감을 바라진 않는다. 마음이 싫다는데 어쩌겠나. 나도 사람인지라 살다 보니 나쁜 줄 알면서도 싫은 마음이 생길 때가 있다. 다만, 정당한 이유가 없다면 티 내진 말자 이 말이다. 마음 깊이 우러나오는 존중도 아름답지만, 때로는 정말 싫은 마음을 완벽하게 숨기기 위해 최선을 다하는 일도 아름다운 존중이다. 진짜 싫은 상대를 위해 이 불타는 싫은 마음을 숨기는 게 얼마나 힘든데.

_이경미, 『잘돼가? 무엇이든』, 유선사, 2023, 79쪽

84

선함을 습득하는 일

선함도 습득되는 기호입니다. 실제는 그렇지 않더라도 덜 자기중심적인 선택을 반복하면 습관으로 강화됩니다. 현명함과 선함의 특징은 '더 나은 사람인 척'하다가 얻어진 경우가 많아요. 그만큼 어떤 사람이 되고 싶은지 열망하는 건 중요합니다.

_김지수, 『의젓한 사람들』 경제학자 러셀 로버츠 인터뷰 중에서, 양양하다, 2025, 217쪽

(   )

'척'은 어쩐지 나쁘다고만 생각하기 쉬운데, 이렇게 좋은 '척'이 있었네요. '더 나은 사람인 척'하면서 행동을 고르다 보면 그게 습관이 되어 어느새 진짜 내가 바라는 사람이 될 수도 있다는 건데요. 여기서 중요한 건 내가 어떤 사람을 '더 나은 사람'이라고 생각하느냐 하는 것. 그렇다면 자신에게 먼저 물어야 하겠죠. 나는 어떤 사람이 되길 바라는가. 필사를 마친 뒤 오늘은 그 답을 한번 적어보셔도 좋겠습니다.

85

다정한 마음에 관하여

정확한 나이는 모르겠지만 어쩌다 이른 나이에 애를 둘이나 낳아서, 머리도 못 감고, 늘 똑같은 긴 원피스에 이 추운 날에 양말도 못 신고 다니는지. 딱한 모습에 모성 본능이 일어나 엄마의 마음도 되었다가, 마찬가지로 스물일곱에 첫애를 낳은 나랑 비슷해 보여 '그 갓난애 내가 두어 시간이라도 봐줄까요. 잠 좀 푹 자든가, 친구를 만나고 올래요?'라고 오지랖을 떨고 싶어진다.

_봉부아, 『다정함은 덤이에요』 자상한시간, 2023, 131쪽

나이가 든다는 것

나이가 든다는 것, 그것은 친지들에게, 젊은이들에게, 학생들에게, 그야말로 가능성 자체로서 자신의 현재를 시험해보는 이들에게 더 큰 관심을 보여줄 기회가 생겼다는 뜻이다. 이제 자신의 가능성이 아닌 타인의 가능성을 돌볼 시간이 오는 것이다.

어떤 의미에서 이는 시간을 되찾는 길이 아닌가? 투르니에의 『방드르디, 태평양의 끝』에서 나이 든 주인공은 어린 고아 소년을 떠맡게 된다. 아이의 미래를 돌보게 되었을 때 놀랍게도 그는 다시 젊음을 체험하고 청춘의 갑옷을 되찾는다. 삶이란 한 개인 안에서 소멸하는 것이 아니라, 그가 사랑하는 타인의 미래 속에서 새로운 생명력을 얻기 때문이다.

인간은 수전노처럼 자신만의 시간을 마지막 동전처럼 움켜잡고 홀로 죽지 않는다. 타인이 누릴 미래를 자기의 미래처럼 돌보기에 인간에게 시간은 무한한 것이다. 이웃에서 이웃으로, 세대에서 세대로, 미래는 불멸의 고리를 만들며 전진한다.

_서동욱, 『철학은 날씨를 바꾼다』 김영사, 2024, 298쪽

(   )

부모가 되어 한 번씩 그런 생각을 했습니다. 내가 아이를 살게 하는 것 같지만, 아이가 나를 살게 하는 것이 아닐까. 그처럼 사랑의 속성이 순환에 있다는 것을 깨닫는 순간, "미래는 불멸의 고리를 만들며 전진"한다는 작가의 말이 떠오릅니다. 이 아름다운 진실로 필멸자인 인간의 숙명을 위로해봅니다.

87

지금은 받을 수 없는 것일지라도

사람은 신체적으로나, 지적으로나, 도덕적으로 받을 준비가 되어 있는 것만을 받는다. 동물들이 특정한 계절에만 새끼를 배는 것과 마찬가지다. 우리가 듣고 이해할 수 있는 것은 이미 반쯤 알고 있던 것이다. 모든 사람은 평생 자신의 궤도를 따라 듣고, 읽고, 관찰하고, 여행한다. 관찰한 것들은 서로 연결된다. 예전에 관찰한 것들과 연결되지 않는 현상이나 사실은 그것이 무엇이든 보이지 않는다. 그러니 지금은 받을 수 없는 것일지라도 머지않아 받을 준비가 될지 모른다.

_헨리 데이비드 소로, 로라 대소 월스 편,
『매일 읽는 헨리 데이비드 소로』 니케북스, 2022, 404쪽

6장 언제 어른이 되느냐고 묻고 싶어지는 날에

나이 드는 일에도 아름다움과 기쁨이 있다

마흔 살과 쉰 살 사이의 십 년은 감정이 풍부한 사람들과 예술가들에게는 언제나 힘겨운 세월이다. 마음이 불안하고, 삶과 자기 자신을 적절히 조화시키기 어렵기 때문에 종종 불만족에 시달리는 시기다. 그렇지만 그다음에는 편안한 시간이 다가온다.

나는 그것을 나 자신에게서만 느끼지 않았고, 다른 많은 사람에게서도 관찰할 수 있었다. 속이 부글부글 끓어오르고 심한 가슴앓이를 하는 젊음이 아름다웠던 것처럼, 나이를 먹어가는 것과 성숙해가는 것에도 아름다움과 기쁨이 있다.

_헤르만 헤세 저, 폴커 미헬스 편, 『어쩌면 괜찮은 나이』, 프시케의숲, 2017, 65쪽

7장

내일은 정말 좋은 일이 (우리)를 기다려주기를

아이들에게 들려주고 싶은 삶에 관한 문장들

「

」

　같은 책도 세월이 흘러 다시 읽으면 다르게 읽힙니다. 예전에 읽을 때는 밑줄을 치지 않았던 문장에 마음이 오래 머물고 그때는 이해할 수 없었던 주인공의 마음을 지금은 알 것 같고, 크게 관심을 두지 않았던 어떤 등장인물이 새삼 눈에 들어오기도 하죠. 그때의 나와 지금의 내가 다른 사람이라는 걸 깨닫게 되는 순간은 노래를 듣다가도 찾아옵니다. 최근에 한 오디션 프로그램에서 들은, 열아홉의 앳된 참가자가 부른 〈고잉 홈(Going Home)〉이란 노래가 제게는 그랬습니다.
　가수 김윤아가 힘들어하는 동생을 떠올리며 만들었다는 이 노래를 처음 들은 건 2010년 무렵, 오래 해온 방송작가 일을 그만두고 엄마의 투병으로 휘청이던 어느 날이었어요. "무거운 너의 어깨와 기나긴 하루하루가 안타까워."라는 노랫말 때문이었을까요. 노래 속 '너'가 꼭 나인 것처럼 조금은 울컥했는데, 노래를 다 듣고 나니 한없이 가라앉던 제 마음을 누군가가 따스하게 위로해주는 것만 같았죠.

힘들었던 시간이 지나 일상이 조금 평온해진 뒤 이 노래를 다시 들었을 때는 '너'가 '당신'으로 다르게 들렸어요. 삶이 누구에게나 쉽지 않다는 것을 깨닫고 나자, 노래 속 '너'에 '나'를 대입하는 대신 나와 비슷한 시간을 살아가고 있을 '누군가'를 먼저 떠올리게 되더군요.

그런데 이번에 가녀리면서도 단단한 목소리를 가진 신인이 부르는 같은 노래를 들으며 저는 '나'도 '당신'도 아닌 다른 존재를 생각했습니다. 그건 바로 우리의 아이들이었습니다. 그래서 "더 해줄 수 있는 일이 있을 것만 같아 초조해져."라는 노랫말 앞에서 어쩔 수 없는 부모의 마음이 되어 눈시울이 뜨거워지고 말았습니다. 노래 끝에 "이 세상은 너와 나에게도 잔인하고 두려운 곳이니까 언제라도 여기로 돌아와, 집이 있잖아, 내가 있잖아. 내일은 정말 좋은 일이 우리를 기다려주기를." 하는 노랫말이 흐를 때는 간절히 기도하는 마음이 되었고요. 위로받는 대상으로 들었던 노래를 이제는 위로하는 존재의 마음이 되어 다시 듣는 저는 다른 누구도 아닌 온전히 '엄마'였습니다.

부모의 이런 마음을 아이는 알까요? 세상이 내 뜻대로만 움직이지 않는다는 것을 나처럼 깨닫게 될 아이를 걱정하는 마음, 성장이란 내 안에서 무언가가 하나씩 깨지고 부서지는 것을 받아들이면서도 나아가는 것임을 알게 될 언젠가의 아이를 상상하며 자주 안타까운 마음, 그 안에서 부모로서 내가 해줄 수 있는 것이 생각보다 없다는 아픈 예감. 그런 복잡한 마음으로 언젠가 자기만의 항해를 홀로 떠날 먼 훗날의 아이를 그려보며 때때로 잠 못 이루는, 부모의 이런 마음을요. 몰라도 괜찮다고, 아니 어느 때는 몰랐으면 하고 생각합니다. 그 대신 내가 살아오면서 듣고 싶었던 말들을 아이에게 전해줄 기회가 많기를, 언젠가 삶이 힘겨운 시간에 아이가 그 이야기를 꺼내보며 앞으로 나아갈 힘을 얻을 수 있기를 바랍니다.

그래서 언젠가부터 저는 아이의 이름 철자를 딴 폴더를 하나 만들어 아이에게 전해주고 싶은 이야기가 담긴 문장들을 차곡차곡 모으고 있습니다. 부모인 나의 바람을 닮은 이야기와 이제야 보이는 삶의 진실과 나의 세월이나 깜냥만으로 미처 알 수 없었던 인생의 지혜들이 먼 훗날, 아이를 지켜주길 바라면서 문장을 모을 때마다 생각합니다. 아이와 함께 살아가는 동안 삶에 관한 많은 이야기를 나눌 수 있으면 좋겠다고. 어떤 이야기는 아름다운 문장 그대로 전해주어도 좋겠고, 어떤 이야기는 내가 사는 모습으로 보여줄 수 있다면 더 좋을 거라고. 그래도 못다 한 이야기들은 언젠가 내가 아이 곁에 없을 때, 한 곡의 노래처럼 곁에서 아이를 위로하고 다독여주기를 희망하게 됩니다.

  7장에는 우리 아이들에게 삶의 버팀목이 되어주길 바라며 모은 문장들을 담았습니다. 한 장 한 장 그 문장들을 옮기면서 한편으로 이런 생각을 하기도 했습니다. 우리는 아이에게 많은 이야기를 들려주어야 하는 부모의 자리를 살아가지만, 우리 또한 답을 찾아 자기만의 항해를 하고 있기에 깨치고 돌파하고 나아가야 하는 날들이 여전히 남아 있다는 사실을 잊지 말자고. 그 항해 중에 찾은 인생의 정수들을 당신 또한 당신만의 방식으로 쌓고 모으기를, 그렇게 모은 이야기들을 잊지 않기 위해 앞으로도 읽고 쓰는 삶을 이어가기를, 그 안에서 삶이 무엇이고 자신이 누구인가를 찾을 수 있기를 소망합니다. 그 모든 마음을 담아 엄마인 당신의 내일과 아이들의 미래를 두 손 모아 축복하며 마지막 장을 시작하겠습니다.

89

네가 하고 싶은 일, 악착같이 찾아봐라

요즘 청년에게 제가 가장 많이 하는 말이 '악착같이 찾아봐라'라는 것입니다. 한 번 사는 인생을 왜 남이 좋아하는 것을 하고 삽니까? 우리는 눈만 뜨면 가장 하고 싶어 하는 일이 뭔지를 찾아야 합니다. 쭈그리고 앉아 있지 말고, 나가서 뒤져보고 찔러보고 열어보고, 강의도 들어보고, 책도 읽어보면서 찾아야 합니다. 무언가 관심이 가는 일이 보이면 그 일을 하는 사람도 찾아가 보는 거예요.

(…)

우리는 무엇을 하고 싶은지 악착같이 찾아야 합니다. 그러다 보면 대부분은 내 길이 아니라는 것을 알게 돼요. 내 길이 아니라는 걸 발견하는 것도 큰 도움이 되죠. 그러다 어느 날, 갑자기 고속도로 같은 길이 눈앞에 보입니다. '이거다!' 싶으면 그때 전력으로 내달리면 됩니다.

_최재천·안희경, 『최재천의 공부』 김영사, 2022, 283~285쪽

(　　　)

최재천 교수의 다정하면서도 힘 있는 목소리가 들리는 것 같은 문장을 옮기면서 궁금해졌습니다. 우리가 자랄 때, 공부는 잘하고 있냐는 말 대신 어느 대학을 갈 거냐는 말 대신, 네가 진정으로 좋아하는 것이 무엇이냐는 질문을 더 많이 받았더라면 어땠을까. 그래서 오늘도 소망합니다. 내가 좋아하는 것이 곧 나 자신이고 그것을 좇을 때 가장 나다운 인생을 살게 된다는 것을, 아이에게 삶으로 보여주는 엄마가 되자고.

나 자신이 진심으로 좋아하는 일에 대하여

나 자신이 좋아하는 일이라면(물론 불법적인 일은 포함되지 않는다) 내게 유익한 것이다. 내가 좋으면 됐다. 열광적으로 즐거워할 수 있다는 것만으로도 이미 충분하다. 만약 남이 나를 인정해줬으면 하는 기대를 가지고 어떤 일을 한다면, 이는 우리가 그 일에 충분히 열광적이지 않다는 방증이다.

_무옌거, 『착하게, 그러나 단호하게』, 쌤앤파커스, 2018, 80쪽

91

다음 문제로 넘어가야 할 시간

오늘은 시험 보던 이야기를 해줄게. 60년 전, 중학교에 진학하려면 시험을 봐야 했었다. 산수박사라는 별명을 가질 만큼 수학은 자신 있었다. (…) 시간은 자꾸 흘러가고 진땀이 나기 시작했다. 내가 풀지 못하는 문제가 있다니, 이까짓 문제에 막히다니! 눈은 땀과 눈물로 범벅되어 글씨도 보이지 않았다.

이럴 땐 어떻게 해야 할까, 당연히 다음 문제로 넘어가야겠지? 그런데도 난 거기에 머물러 그 문제를 풀겠다는 생각에만 집착해 그만 시험을 다 망쳐버렸다. 결국 그 중학교에 떨어졌지. 애들아, 너희는 할아버지처럼 어리석어선 안 된다.

_안경자 글·이찬재 그림, 『돌아보니 삶은 아름다웠더라』, 수오서재, 2019, 153쪽

(   )

이찬재 할아버지의 말씀을 증명하듯 아이가 언젠가 제게 이런 말을 해준 적이 있습니다. "엄마, 어제 못 풀었던 문제를 오늘은 보자마자 풀었어." 인생이 크고 작은 문제를 던져주면 풀릴 때까지 끙끙대느라 많은 시간을 버리는 저로서는 더 간절히 바랍니다. 아이가 수학 문제를 풀다 얻은 그 느낌을 살면서 잊지 않기를. 그런데 이 녀석이 풀리지 않는 문제를 만나면 다음 문제로 넘어가 풀 생각을 안 하고 자꾸 문제집을 덮고 내일로 넘어가려고 하는데요. 할아버지, 이럴 때는 어떻게 하면 좋을까요?

가장 빛나는 순간은

제가 공부하면서 경험해본 가장 빛나는 순간은 서울대 법대 합격자 발표 때가 아니었습니다. 가장 빛나는 순간은, 공부 잘된 날 하루를 마치고 뿌듯한 마음으로 가방을 싸던 순간이었습니다. 묵직한 확신에 휩싸여 집으로 돌아가던 순간이었습니다. 흥분을 가라앉히고 잠에 들려고 이부자리에서 몸을 뒤척이던 순간이었습니다.

_박성혁, 『이토록 공부가 재미있어지는 순간』, 다산북스, 2023, 147쪽

(   )

책을 쓰는 일도 그렇습니다. 출간이 되었을 때나 베스트셀러가 되었을 때가 가장 기쁠 것 같지만, 막상 그 순간들을 다 지나 돌아보면 홀로 씨름하다 어떻게든 원고를 완성하던 순간들이 무엇보다 충만하고 소중한 순간이었다는 걸 깨닫게 되거든요. 온전히 나 스스로 해냈던 시간. 내가 나여서 기특했던 순간. 그런 순간을 가진 사람은 인생에 쉽게 지지 않는다는 걸 언젠가 우리 아이들도 기쁘게 깨닫게 되길 바랍니다.

씨앗은 어떻게 기다려야 하는지 안다

씨앗은 어떻게 기다려야 하는지 안다. 대부분의 씨앗은 자라기 시작하기 전 적어도 1년은 기다린다. 체리 씨앗은 아무 문제 없이 100년을 기다리기도 한다. 각각의 씨앗이 정확히 무엇을 기다리는지 그 씨앗만이 안다. 씨앗이 성장할 수 있는 유일무이한 기회, 그 기회를 타고 깊은 물속으로 뛰어들 듯 싹을 틔우려면 그 씨앗이 기다리고 있던 온도와 수분, 빛의 적절한 조합과 다른 많은 조건이 맞아떨어졌다는 신호가 있어야 한다.

(…)

모든 시작은 기다림의 끝이다. 우리는 모두 단 한 번의 기회를 만난다. 우리는 모두 한 사람 한 사람 불가능하면서도 필연적인 존재들이다. 모든 우거진 나무의 시작은 기다림을 포기하지 않은 씨앗이었다.

_호프 자런, 『랩걸』, 알마, 2017, 50~52쪽

잘 살기 위해서는 의미가 필요하다

인간에게 실제로 필요한 것은 긴장이 없는 상태가 아니라 가치 있는 목표, 자유의지로 선택한 그 목표를 위해 노력하고 투쟁하는 것이다. 인간에게 필요한 것은 어떻게 해서든지 긴장에서 벗어나는 것이 아니라 앞으로 자신이 성취해야 할 삶의 잠재적인 의미를 밖으로 불러내는 것이다.

_빅터 프랭클, 『빅터 프랭클의 죽음의 수용소에서』 청아출판사, 2025, 184쪽

(   )

인생의 '평온'은 제게 늘 숙제였습니다. 예민한 성정 때문인지 작은 일에도 긴장하며 불안과 걱정에 시달리는 저를 감당하기가 때로 힘들었어요. 그래서 아우슈비츠 생존자이자 정신의학자 빅터 프랭클의 이 책을 만났을 때 해방감을 느꼈습니다. "현재의 나와 앞으로 되어야 할 나 사이에 놓여 있는 간극"에서 발생하는 긴장이 우리를 더 잘 존재하게 한다는 그의 이야기를 통해 들썩이던 지난 시간이 삶의 의미를 찾기 위한 것임을 깨달았거든요. 다시 긴장하는 순간이 찾아온다면, 스스로를 이렇게 다독이면 좋겠습니다. 너는 지금 어떤 목표를 위한 투쟁을 시작한 거라고, 그건 잘 살고 있다는 뜻이라고.

체념하는 비관론자보다
인내하는 낙관론자가 되기를

끝없이 실망하면서도 인생에 대한 기대를 포기하지 않는 일은 때로 대단히 어렵게 느껴진다. 고요한 정적 대신 요동치는 마음을 선택해야 하고, 숱한 배신에 무릎을 꿇지 않아야 하고, 반복되는 좌절에도 인생을 외면하지 않아야 하니까. 그래서 기대를 품는 일은 견디는 일과 다르지 않다.

그렇더라도 나는 체념하는 비관론자가 되느니 인내하는 낙관론자가 되고 싶다. 좌절과 실망에 자주 엎어지더라도 자주 마음이 부풀어 오르고 싶다. 그러려면 기대를 배반하는 인생에서 상처받지 않을 힘이 필요하다. 그래서 나는 항상 이 말을 가슴에 품고 산다. 언젠가 다시 인생이 나를 배신하는 날, 손 놓고 가만히 당하지 않기 위해서. 언제 배신당했냐는 듯 다시 다른 기대와 희망을 찾아 떠나기 위해서. 박찬욱 감독의 가훈이기도 하다는 그 말은 바로 이거다.

"아니면 말고."

_박애희, 『견디는 시간을 위한 말들』 수카, 2021, 171쪽

그 사람이 아니라 내 마음을 바꾸는 일

관계에 대한 고민의 대부분은 "어떻게 하면 저 사람을 바꾸고 내가 편해질 수 있을까"이다. 하지만 솔직히 사람은 바뀌기 어렵다. 차라리 내 마음을 바꾸는 것이 성공률이 더 높다. 내 마음의 맷집을 늘리고, 포기할 것은 포기하고, 관계의 기대치를 적절한 수준으로 낮추는 것을 관계와 관련된 고민의 일차 전략으로 삼는 것이 좋다.

_하지현,『고민이 고민입니다』 마티스블루, 2023, 200쪽

누군가를 사랑한다는 것은

만일 내가 어떤 사람에게 '나는 당신을 사랑한다'고 말할 수 있다면 '나는 당신을 통해 모든 사람을 사랑하고 당신을 통해 세계를 사랑하고, 당신을 통해 나 자신도 사랑한다'고 말할 수 있어야 한다.

_에리히 프롬, 『사랑의 기술』, 문예출판사, 2019, 75쪽

최선을 다하라는 흔한 말 대신

나는 '최선'이라는 말이 싫다. 최선은 내가 가진 100을 다 쓰라는 말이다. 그러면 씨앗을 먹어 치운 농부처럼 내일을 기약할 수 없게 된다. 차선이라고 해서 적당히 하다가 내키는 대로 그만두는 것은 아니다. 무엇이든 완벽에 매달리기보다 잘하는 정도에서 즐기고 만족한다는 뜻이다.
(…)
차선으로 살아서인지 나는 무슨 일이든지 오래도록 꾸준히 하는 습관이 있다. (…) 이 많은 일을 할 수 있었던 것은 늘 나의 능력을 30퍼센트가량 아껴 두었기 때문이다.

_이근후, 『나는 죽을 때까지 재미있게 살고 싶다』 갤리온, 2023, 85~87쪽

(   )

1935년생인 이근후 작가가 오래 살아본 뒤 전해준 이 이야기를 청춘의 제가 읽었다면 공감하지 못했을지도 모르겠습니다. 젊음을 믿고, 내 모든 에너지를 소진하는 것만이 미덕이라 믿었던 시절을 지나오며 한 번씩 앓고 후회도 해보니 이제야 알겠거든요. 내가 그렇게까지 했는데 왜 이것밖에 안 돌아오느냐는 분노에 지지 않는 것도, 지치지 않고 다시 기쁘게 내일을 꾸려가는 것도, 내게 에너지가 남아 있을 때 가능하다는 것을. 그래서 오늘의 나에게도, 아이에게도 함께 말해봅니다.
"네가 가진 100을 다 쓰지 않아야 내일의 네가 더 건강하고 행복할 수 있다는 걸 잊지 마!"

인생이란 온갖 역설 속에서도
길을 찾아 나서는 것

인생이 어째서 불공평한가에 대한 답은 나도 몰라. 아마 이번 생에는 알 수 없을 거야. 하지만 고통과 괴로움, 슬픔과 비통함을 느끼면서 충분히 울고 상처를 받는다면 언젠가는 분명히 얻는 게 있을 거야. 불 속을 통과하는 것은 괴롭지만 막상 끝까지 통과하고 나면 온전하고 강한 사람으로 거듭날 수 있어. 내가 장담해. 고통을 겪고 나면 진리와 아름다움, 지혜, 마음의 평화를 얻게 될 거야. 고통이든 기쁨이든 영원히 지속되는 것은 없다는 것도, 슬픔 없는 기쁨이 존재하지 않는다는 것도 알게 되겠지. 인생에는 고통 없는 안도감, 잔인함 없는 연민, 두려움 없는 용기, 절망 없는 희망, 고생 없는 지혜, 결핍 없는 감사는 있을 수 없어. 인생에는 이런 역설이 넘쳐난단다. 온갖 역설 속에서도 길을 찾아 나아가는 것이 바로 인생이야.

_줄리 입 윌리엄스, 『그 찬란한 빛들 모두 사라진다 해도』, 나무의철학, 2019, 21~22쪽

100

살아보니 아쉬운 일

나는 많은 것을 경험한 것이—멋진 경험도, 끔찍한 경험도—감사하고, 책 10여 권을 쓴 것, 친구와 동료와 독자로부터 셀 수 없이 많은 편지를 받은 것, 너새니얼 호손이 말했듯 "세상과의 교제"를 즐길 수 있었던 것이 그저 감사하다.
아쉬운 점은 너무 많은 시간을 낭비했다는 (그리고 낭비하고 있다는) 사실이다. 여든 살이 되고서도 스무 살 때와 마찬가지로 지독하게 수줍음을 탄다는 것도 아쉽다. 모국어 외에는 다른 언어를 할 줄 모른다는 게 아쉽고, 응당 그랬어야 하건만 다른 문화들을 좀더 폭넓게 여행하고 경험하지 않았다는 점도 아쉽다.

_올리버 색스, 『고맙습니다』 알마, 2016, 17쪽

(   )

올리버 색스는 작가로서도 훌륭하지만, 의사로서도 많은 사람의 존경을 받았죠. 언젠가 그의 글에서 환자를 대하는 진심 어린 태도와 마음을 읽은 후부터 저도 그의 팬이 되었습니다. 이 책은 그가 여든이 되어서 쓴 마지막 책입니다. 사람들에게 추앙받고 사랑받았던 그도 인생을 돌아보며 아쉬워하는 점들이 있었는데, 그게 제가 요즘 후회하고 있는 것들과 비슷해서 조금 놀랐습니다. 아이에게 계속 후회만 하는 엄마의 모습을 보여주지 않도록, 올리버 색스의 문장을 다시 한번 따라 써봅니다.

삶은 말할 수 없이 아름다운 축복

사랑하는 딸에게 말하고 싶다. 세상은 죽을 때까지도 전체를 다 볼 수 없을 만큼 크고 넓으며, 삶은 말할 수 없이 아름다운 축복이라는 것을. 인간은 이 세상을 위해 태어난 것이 아니라 이 세상에 살러 온 존재이며, 인생에는 가치의 우열을 가릴 수 없는 여러 길이 있다는 것을. 그리고 어느 길에서라도 스스로 인간다움을 잘 가꾸기만 하면 기쁨과 보람과 행복을 발견할 수 있다는 것을.

_유시민, 『청춘의 독서』, 웅진지식하우스, 2025, 10쪽

이 책에 수록한 작품들

1장 이상하고 아름다운 아이라는 우주
01. 레오 버스카글리아, 『살며 사랑하며 배우며』
02. 정혜신, 『당신이 옳다』
03. 앙투안 드 생텍쥐페리, 『어린 왕자』
04. 박연준, 『인생은 이상하게 흐른다』
05. 김혼비, 『다정소감』
06. 김하준, 『여기서 마음껏 아프다 가』
07. 마르셀 프루스트, 『스완네 쪽으로』
08. 박혜윤 글·유희진 그림, 『부모는 관객이다』
09. 서현숙, 『소년을 읽다』
10. 송주현, 『착한 아이 버리기』
11. 전이수 글·그림, 『이수생각』
12. 줄리아 새뮤얼, 『모든 가족엔 이야기가 있다』
13. 박지연·배경내·이묘랑·이은선·최유경, 『우리는 청소년-시민입니다』
14. 임나리, "이희영 '미래에 어떤 네가 기다릴지 몰라'"
15. 미나토 가나에, 『모성』
16. 열한 살 지호의 말, 〈편자이씨〉 인스타그램

2장 어떻게 사랑해야 하느냐고 묻는다면
17. 김주환, 『회복탄력성』
18. 오은영, 『못 참는 아이, 욱하는 부모』
19. 이슬아, 『인생을 바꾸는 이메일 쓰기』
20. 루시 모드 몽고메리, 『빨간 머리 앤』
21. 심윤경, 『나의 아름다운 할머니』

22. 박바라 대본집, 『슈룹 2』
23. 로랑스 드빌레르, 『철학의 쓸모』
24. 이윤정, 『우리 가족을 위한 비폭력대화 수업』
25. 장명숙(밀라논나), 『햇빛은 찬란하고 인생은 귀하니까요』
26. 아스트리드 린드그렌, 『폭력에 반대합니다』,
27. 최진영, 『어떤 비밀』
28. 조너선 하이트, 『불안 세대』
29. "[이진순의 열림] '이렇게 했더니 애를 망쳤다' 교장선생님의 '엄마 반성문'"
30. 정재경, 『있는 힘껏 산다』
31. 박완서, 『그 많던 싱아는 누가 다 먹었을까』
32. 한성희, 『벌써 마흔이 된 딸에게』
33. 최승필, 『공부머리 독서법』
34. 키키 키린, 『키키 키린: 그녀가 남긴 120가지 말』

3장 찬란한 행복과 깊은 고독 사이에서

35. 신경숙, 『요가 다녀왔습니다』
36. 오송민·이지훈, 『자유로운 생활』
37. 김세실, 『그림책 페어런팅』
38. 김송희 극본, 이민수 연출, 〈언젠가는 슬기로울 전공의생활〉
39. 서천석, 『서천석의 마음 읽는 시간』
40. 최지현, 『사나운 독립』
41. 이설기, 『엄마라는 이상한 세계』
42. 정지우, 『그럼에도 육아』
43. 엄지혜, 『태도의 말들』
44. 곽세라, 『나의 소원은, 나였다』
45. 한수희, 『조금 긴 추신을 써야겠습니다』
46. 임지영, 『멍게의 맛』
47. 공지영, 『할머니는 죽지 않는다』
48. 베르톨트 브레히트, 「아침저녁으로 읽기 위하여」

4장 당신의 세계는 여전히 아름답다

49. 첼시 코나보이, 『부모됨의 뇌과학』
50. 이윤주, 『어떻게 쓰지 않을 수 있겠어요』
51. 도리스 레싱, 『19호실로 가다』
52. 김진형·이현주, 『너를 만나고 엄마는 매일 자라고 있어』
53. 이은경, 『나는 다정한 관찰자가 되기로 했다』
54. 도리스 레싱 등, 『분노와 애정』
55. 세릴 치글러, 『위험한 엄마』
56. 김이설, 『쓰지 못한 몸으로 잠이 들었다』
57. 이현주, 『나의 가련한 지배자』
58. 주디스 리치 해리스, 『양육가설』
59. 애비게일 슈라이어, 『부서지는 아이들』
60. 이수지, 『만질 수 있는 생각』
61. 정아은, 『엄마의 독서』
62. 오소희, 『엄마의 20년』
63. 마이카 버하르트, 『이토록 완벽한 불균형』

5장 한 사람의 전부였던 당신에게 안부를 물으며

64. 김애란, 『침이 고인다』
65. 차현지, 『엄마에 대하여』
66. 이서수, 『엄마를 절에 버리러』
67. 경향신문 젠더기획팀, 『우리가 명함이 없지 일을 안 했냐』
68. 정희재, 『어쩌면 내가 가장 듣고 싶었던 말』
69. 루이자 메이 올콧, 『작은 아씨들』
70. 하재영, 『나는 결코 어머니가 없었다』
71. 장일호, 『슬픔의 방문』
72. 고명재, 『너무 보고플 땐 눈이 온다』
73. 박애희, 『엄마에게 안부를 묻는 밤』
74. 안드레아 칼라일, 『나는 언제나 늙기를 기다려왔다』

6장 언제 어른이 되느냐고 묻고 싶어지는 날에

75. 엄기호, 『고통은 나눌 수 있는가』

76. 문지안, 『무탈한 오늘』

77. 김혜남, 『생각이 너무 많은 어른들을 위한 심리학』

78. 김희경, 『이상한 정상가족』

79. 오유신, 『불순한 어린이들』

80. 김소영, 『어린이라는 세계』

81. 무라카미 하루키, 『달리기를 말할 때 내가 하고 싶은 이야기』

82. 사과이모, 『결국 나를 사랑하는 일』

83. 이경미, 『잘돼가? 무엇이든』

84. 김지수, 『의젓한 사람들』

85. 봉부아, 『다정함은 덤이에요』

86. 서동욱, 『철학은 날씨를 바꾼다』

87. 헨리 데이비드 소로, 『매일 읽는 헨리 데이비드 소로』

88. 헤르만 헤세, 『어쩌면 괜찮은 나이』

7장 내일은 정말 좋은 일이 우리를 기다려주기를

89. 최재천·안희경, 『최재천의 공부』

90. 무엥거, 『착하게, 그러나 단호하게』

91. 안경자 글·이찬재 그림, 『돌아보니 삶은 아름다웠더라』

92. 박성혁, 『이토록 공부가 재미있어지는 순간』

93. 호프 자런, 『랩걸』

94. 빅터 프랭클, 『빅터 프랭클의 죽음의 수용소에서』

95. 박애희, 『견디는 시간을 위한 말들』

96. 하지현, 『고민이 고민입니다』

97. 에리히 프롬, 『사랑의 기술』

98. 이근후, 『나는 죽을 때까지 재미있게 살고 싶다』

99. 줄리 입 윌리엄스, 『그 찬란한 빛들 모두 사라진다 해도』

100. 올리버 색스, 『고맙습니다』

101. 유시민, 『청춘의 독서』

나만의 문장 수집

엄마에게는 다정한 말이 필요하다

초판 1쇄 발행 2025년 11월 28일

지은이 박애희

발행인 윤승현 단행본사업본부장 신동해
편집장 정다이 책임편집 송보배
교정교열 공순례 디자인 최희종 표지 일러스트 기묘
마케팅 최혜진 이은미 홍보 반여진
제작 정석훈

브랜드 웅진지식하우스
주소 경기도 파주시 회동길 20
문의전화 031-956-7358(편집) 02-3670-1123(마케팅)
홈페이지 www.wjbooks.co.kr
인스타그램 www.instagram.com/woongjin_readers
페이스북 www.facebook.com/woongjinreaders
블로그 blog.naver.com/wj_booking

발행처 ㈜웅진씽크빅
출판신고 1980년 3월 29일 제406-2007-000046호

ⓒ 박애희, 2025
ISBN 978-89-01-29903-7 (03810)

* 웅진지식하우스는 ㈜웅진씽크빅 단행본사업본부의 브랜드입니다.
* 저작권법에 의해 한국 내에서 보호를 받는 저작물이므로 무단 전재와 무단 복제를 금지하며, 이 책 내용의 전부 또는 일부를 이용하려면 반드시 저작권자와 ㈜웅진씽크빅의 서면 동의를 받아야 합니다.
* 책값은 뒤표지에 있습니다.
* 잘못된 책은 구입하신 곳에서 바꿔드립니다.